이 시대 모든 직장인들에게

이 책을 바칩니다.

— 김 부장 시리즈를 닫으며, 송 희구

서울 자가에 대기업 다니는
김 부장 이야기

서울 자가에 대기업 다니는
김 부장 이야기

| 3 송 과장 편 |

송희구 지음

서삼독

너무너무 재미있다. 나는 단숨에 이 책을 읽었고, 작가의 필력에 진심으로 감탄했다. 직장인이라면 누구나 공감할 수밖에 없는 이야기이다. 거기다 이야기를 따라가다 보면 자연스럽게 삶과 투자의 지혜까지 배울 수 있다. 남녀노소의 경계 없이 모두에게 추천할 만한데 특히 직장인에게 일독을 권한다. 후회 없을 것이다.

— **브라운스톤(우석), 《부의 인문학》 저자**

사람들은 모르는 사람의 이야기에는 반응하지 않는다. 하지만 자신과 별 차이 없다고 생각하던 주변 사람의 집이 몇 억이 올랐다고 하면 그제야 자기 집값을 찾아보게 된다. 그래서 요즘 사람들이 더욱 부동산에 울고 웃게 된 것은 아닐까? 김 부장 이야기에는 그와 같은, 우리가 함께 공감하고 무릎을 칠 만한 소재와 스토리가 가득하다. 그런 점에서 이 책은 어디에도 없지만 어디에나 있는 사람들의 이야기라 할 만하다. 김 부장, 송 과장, 정 대리, 권 사원은 바로 여러분일 수도 있고, 여러분 주위의 아는 사람일 수도 있다. 이들의 이야기는 과연 어떻게 될까? 그래서 더욱 두근거린다. 다음다음이 더욱 기대되는 이야기다.

— **신사임당, 경제 유튜버, 《킵고잉》 저자**

기운 날 일 없어도 기운 내야 하는 '어른'들에게 전해주는 뼈 때리는 위로. 극한의 현실적인 디테일, 페이지마다 웃음과 소름이 교차하는, 그래서 결국 나를 돌아보게 하는, 간만의 깊은 이입감. 드라마로 탄생한다니 캐릭터가 아닌 진짜 사람이 살아있는 드라마가 탄생할 것 같다. 생각만 해도 기대가 넘친다.

— **배우 류수영**

이 시대 모든 직장인들에게
이 책을 바칩니다.

차례

평범하지만 치열하게

1

알람이 울린다.

4시 30분. 아직 껌껌하다. 핸드폰 화면을 밀어 알람을 끈다.

안경을 더듬어 찾는다. 손에 잡히지 않는다.

분명히 여기에 올려놨는데……. 침대 옆에 있나…….

그렇게 생각하는 사이 손가락에 안경알 걸리는 느낌이 난다.

아내와 아들은 자고 있다. 최대한 소리를 내지 않고 걷는
다. 주방 불을 켠다. 조용하게 그릇과 수저를 꺼낸다.

와장창.

과일 담는 접시가 어설프게 걸쳐져 있었나 보다. 다행히
아무것도 깨지지 않았다. 잠깐 멈춰 서서 귀를 기울인다.

방에서는 기척이 없다. 안도의 한숨을 내쉰다.

주방 선반 위에 놓여 있는 두 가지 종류의 시리얼을 바라본다. 아들이 먹는 달콤한 것. 아내가 먹는 현미인지 그래놀라인지 하는 덜 단 것.

요즘 옆구리에 살이 찌는 것 같아 덜 단 것을 집는다. 그릇에 시리얼을 담고 우유를 콸콸 붓는다. 높이 조절을 잘못해서 우유가 그릇 밖으로 사방팔방 튄다.

시리얼을 한 스푼 떠서 입에 넣는다. 와삭 바삭 소리가 머리 전체에 울려 퍼진다. 아직까지 자고 있는 건지 깨어 있는 건지 구분이 가지 않는다.

핸드폰으로 뉴스부터 확인한다. 밤새 세상은 변하지 않았다. 날씨를 확인한다. 비 소식은 다행히 없다.

시리얼을 다 먹었다. 남은 우유를 후루룩 들이켠다.

2

화장실에 들어간다.

소리가 새어 나갈까봐 문을 꼭 닫는다. 결혼하고 나서는 앉아서 일을 본다. 가족에 대한 예의라고 생각한다.

양치를 하고 거울을 본다. 머리가 덥수룩하다. 욕조에 머리를 숙이고 따뜻한 물을 틀어 머리를 감는다. 수건으로 물기를 닦고 드라이어로 말린다. 눌린 머리를 살짝 띄운다. 옷을 입으러 가는데 시리얼을 먹었던 그릇이 보인다. 싱크대 안에 넣고, 물로 대충 헹구니 깨끗해진다. 식탁에 튄 우유도 물티슈로 깨끗이 닦는다.

셔츠를 입는다. 아까부터 눈앞에 뭔가 아른거린다. 안경에 묻은 지문 자국이다. 아까 안경을 집을 때 묻었나 보다. 부드러운 안경닦이로 문지른 후 다시 쓴다. 환하게 보인다. 세상을 밝고 또렷하게 보는 방법 중 가장 저렴하고 간단한 방법이다. 안경 쓴 사람만이 누릴 수 있는 호사다.

깔끔한 남색 정장을 입고 무선 이어폰을 주머니에 넣는다. 읽던 책을 집어 들어 가방에 넣는다.
구두를 신는다. 매일 같은 구두다. 이제 길이 잘 들어서 딱딱했던 가죽이 지금은 헝겊처럼 몰랑몰랑하다.

문밖에서 무슨 소리가 난다.
도둑인가.

문을 열어보니 택배 박스가 있다. 마켓컬리다.

밤중에 아내가 핸드폰으로 초집중하고 있던 게 이거였나

보다. 박스를 현관 안으로 옮겨놓는다.

3

지하철역까지는 걸어서 10분 정도 걸린다.

환경미화원 아저씨들이 새벽부터 거리를 쓸고 있다.

아저씨라……. 예전에는 성인 남자는 모두 아저씨였지만

이젠 아니다. 곧 마흔을 앞둔 나보다 어릴 수도, 또래일 수

도 있다.

지하철역에 도착한다. 새벽에 일찍 타면 지하철 요금이 할

인된다. 할인액은 몇백 원이지만 절약했다는 생각에 그 이

상으로 기분이 좋다.

첫차임에도 불구하고 사람들이 꽤 보인다. 같은 시간, 같

은 차를 타면 늘 보이는 얼굴들이 있다.

오늘은 안 보이던 얼굴이 보인다. 힐끔 보니 술이 덜 깬 상

태다. 이 동네에서 밤새 술을 마셨거나 지하철 안에서 잠들어서 여기까지 온 것이다.

한심해 보이지 않는다. 술에 완전히 취했지만 택시를 타지 않고 지하철을 택한 사람이다. 절약 정신이 나름 투철하다. 나와 비슷한 부류다.

저 사람이 집에 잘 들어갔으면 하는 마음이다.

첫차라서 양 끝 자리에만 사람들이 앉아 있다. 늘 앉던 자리에 앉는다. 가방에서 책을 꺼내어 어제 읽던 부분을 펼친다.

4

새벽 6시, 회사에 도착한다.

정확히 한 시간의 여정을 마친다. 사원증을 찍으니 자동문이 열린다. 신입 때만큼은 아니지만 사원증을 찍고 드르륵 문이 열릴 때 느껴지는 희열은 11년이 지난 지금도 여전하다.

나보다 빨리 출근하는 사람은 두 명뿐이다. 청소하는 아주머니 두 분. 두 분은 항상 대화를 하고 있다. 인기척을 느끼면 대화를 멈추고 청소를 시작한다. 그래서 나는 방해하지 않기 위해 소리를 죽이고 들어가려고 노력한다.
집에서도 조용히, 회사에서도 조용히, 늘 조용히 한다.
나는 남에게 피해주는 것을 싫어한다.

자리에 앉아 일기장을 편다. 일기를 쓴다. 일기는 보통 그날 저녁에 쓰지만 나는 아침에 쓴다. 어제 무얼 하고 무얼 느꼈는지, 오늘은 무얼 할 것인지, 작은 노트에 적는다. 적게는 세 줄 정도, 느낌이 올 때는 열 줄 정도 쓴다.
가끔 앞에 무엇을 썼는지 들춰보면 재미있다. 사진과는 다른 기억을 준다. 손글이 주는 매력이다.

내 사무실 책상은 지저분하다. 어느 책에서 지저분한 상태가 창의적 사고에 좋다고 해서 일부러 지저분하게 하고 다닌다. 집에서 일부러 어질러 놓았다가는 내 등짝이 남아나지 않을 것이다.
책상 위에는 온갖 주제의 책들이 놓여 있다. 경제, 육아, 자기계발, 소설……. 한동안 자기계발 책만 읽다 보니 내용이 비슷비슷한 것 같아 다른 분야의 책들도 챙겨 읽는 중이다. 모든 책에는 작가의 경험과 인생관이 담겨 있다.

5

출근 시간이 가까워오자 직원들이 한두 명씩 들어온다.

오자마자 커피를 내려 마시거나 믹스커피를 타 마신다. 후루룩 커피 마시는 소리가 멀리서도 들린다.

어떤 사람은 중국어 공부를 하고, 어떤 사람은 회사 업무를 하는지 키보드를 두드린다.

책을 읽다 보니 잠이 몰려온다. 해외 출장 때 비행기에서 받은 안대를 쓴다. 의자를 뒤로 젖힌다. 이어폰을 귀에 꽂고 유튜브를 켠다. 명상 음악을 튼다. 금세 잠이 든다.

업무 시작 시간은 아침 8시 30분이다. 8시 20분에 알람이 울리도록 해둔다.

잠깐 잠이 들었나 보다. 누군가 내 어깨를 꾹꾹 주무른다. 시원하다. 잠에서 깬다. 김 부장님이다. 동시에 알람도 울린다.

김 부장님은 오늘도 깔끔한 모습이다. 나도 부장님처럼 깔끔하게 하고 다니고 싶다. 입사하고 2년째까지는 나름 신경을 썼다. 가끔 정장도 사고, 셔츠도 칼같이 각 잡아 입고 다녔다. 결혼하고 나서 풀어지더니 아이가 태어나고부터는 아예 내려놨다. 누가 나를 보든지 말든지 신경 쓰지 않는다.

옆자리 정 대리도 출근해서 의자를 뒤로 젖힌 채 핸드폰을 보고 있다.
8시 25분에 다같이 일어나서 하는 체조는 올해부터 없어졌다. 나는 은근히 그 체조가 좋았다. 하고 나면 몸도 풀어지고 어딘가 개운하기도 했다. 없어진 걸 보니 다른 사람들은 싫었던 모양이다.

업무 시작 시간이다. 아웃룩을 켠다. 확인하지 않은 이메일이 쌓여 있다.
스무 개. 그 중 열 개는 광고다. 차단하고 차단해도 뚫고 들어오는 스팸메일을 모조리 지운다. 스팸메일함과 휴지통을 깨끗하게 비운다. 비우지 않으면 찜찜하다.
일을 시작한다.

점심시간이다.

아무도 먼저 가자고 말하지 않는다. 항상 내가 먼저 말을 꺼낸다.

"식사하러 가시죠."

그러면 김 부장님이 고개를 슬며시 들며 "가지"라고 말을 보탠다.

팀원들이 모두 일어난다. 사내식당으로 향한다.

각자 식판을 들고 와서 한 테이블에 자리를 잡는다. 권 사원은 천천히 먹는다. 정 대리는 약간 빨리 먹는다. 김 부장님은 그냥 마시는 것 같다.

나는 아주 빨리 먹을 수도 있고, 약간 빨리 먹을 수도 있고, 천천히 먹을 수도 있다. 대한민국의 과장이라면 그 정도는 할 수 있다. 나까지 빨리 먹으면 천천히 먹는 사람이 부담스러워진다. 나는 권 사원의 속도에 맞춰 먹는다.

절반쯤 먹었을까. 김 부장님은 벌써 다 먹고 수저를 내려놓았다. 씹지도 않고 넘긴 모양이다. 정 대리도 거의 다 먹어가는 것이 보인다.

나는 권 사원의 속도에 맞춰 먹고 있는데 갑자기 권 사원이 배가 부르다며 그만 먹겠단다.

앗, 배가 아직 안 찼는데.

나는 먹는 속도를 김 부장님의 속도로 바꾼다. 숟가락과 입의 움직임이 빨라진다. 입에 마구 밀어 넣는다. 정 대리가 다 먹고 식판 정리를 시작할 때쯤 나도 수저를 놓는다. 앞으로 권 사원 속도보다는 약간 빠르게 먹어야겠다고 생각한다.

7

밥을 다 먹고 팀원들과 커피숍으로 간다.

부장님은 어느새 도망가고 없다. 이해할 수 있다. 팀원들과 커피숍을 가면 상급자가 내야 한다는 부담감이 있다. 기특하게도 정 대리와 권 사원은 더치페이를 하자고 한다. 아주 가끔은 내가 사지만 매일 산다면 부담이긴 하다.

우리는 시시콜콜한 잡담을 한다. 나만 결혼을 하고 아이가 있는 상태라 관심사가 맞지 않는다. 그래서 더 좋다. 다

른 세대들이 무엇을 생각하는지 공유할 수 있고, 무엇이
유행인지도 알 수 있다.

요즘 젊은 직장인들의 공통 관심사는 투자다.
정 대리는 한방주의고, 권 사원은 한걸음주의다.
정 대리는 한방에 대박을 터뜨려 부자가 되고 싶어한다.
권 사원은 한 걸음씩 걸어가면서 배우고자 한다.

이들의 또 다른 공통 관심사는 연애와 결혼이다. 내가 그
나이에 가졌던 관심사와 같다. 지금의 아내와 결혼에 골인
하기 위해 가끔 선배들의 조언을 구하기도 했다.
결혼생활은 말로 아무리 해봐야 모른다. 첫 키스의 느낌
을 말로 설명하기 어렵듯이. 뭐든 직접 경험해봐야 안다.

8

퇴근길이다.

지하철에 사람이 많다. 출근길에 보던 책을 펼친다. 퇴근길
에는 서서 책을 본다. 서서 보는 게 더 집중이 더 잘된다.

그래도 앉고 싶긴 하다. 자리가 있다면 앉을 것이다.

집에 도착해 저녁을 먹는다. 저녁은 방울토마토와 삶은 고구마다. 10년째 다이어트를 한 덕인지 비슷한 체중을 유지하고 있다.

아내가 청소기를 돌린다. 아들은 숙제를 하고 있다.
아내와 나는 아들을 씻기고 재운다.
아들이 잠든 것을 확인하면, 우리는 냉장고에서 맥주를 한 캔씩 꺼낸다.
이제야 쉬는 시간이다. 아내와 식탁에 마주 앉아 오늘 있었던 일들을 이야기한다.
오늘 일과 중 가장 행복한 순간이다. 이 시간을 위해서 하루를 바쁘고 치열하게 보낸 것 같다.

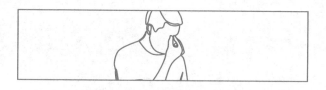

"너는 제대로 할 줄 아는 게 뭐냐?"

1

오늘은 정 대리의 결혼식이다.

밝은색 넥타이에 검은색 정장을 입고 예식장에 도착한다.
정 대리와 그의 부모님에게 인사하고 덕담을 건넨다.
축의금을 내고 신랑 측 하객석에 가서 앉는다. 내 왼쪽에
는 김 부장님, 오른쪽에는 권 사원이 앉아 있다.

정 대리가 신부와 행진한다. 멋있다. 잘생겼다.
드디어 동지가 생겼다! 유부남이 얼마나 고독한 자리인지
곧 알게 될 것이다. 웰컴이다.

결혼식이 끝나고 우리 셋은 한 층 내려가 뷔페로 간다. 테
이블을 잡아놓고 부장님과 권 사원이 음식을 가져오기를

"너는 제대로 할 줄 아는 게 뭐냐?"   27

기다린다. 누군가는 짐을 지켜줘야 한다.

돌아온 부장님의 쟁반 위에는 탕수육과 육회, 두 가지 메뉴만 수북하다.

"송 과장, 이게 여기서 제일 비싼 거야. 딴 거 먹지 말고 이거 먹어."

김 부장님은 회사 바깥에서도 여전하다. 챙겨주는 모습도 참 김 부장님답다고 생각하며 나는 얼른 일어나 적당히 접시를 채우고 자리에 앉는다.

나와 권 사원이 절반쯤 먹었을 때 부장님은 벌써 한 접시를 다 비우고 다음 접시를 채우러 간다.

2

권 사원의 표정이 그다지 좋지 않다.

"송 과장님, 저 진짜 모르겠어요."

"뭐가?"

"요즘 뭔가 다 꼬인 듯한 느낌이에요. 결혼이랑 직장생활이요. 친척들이나 주변 사람들한테 결혼한다고 다 말했는데요. 다음 주에 속초로 남자친구와 여행을 가는데, 그때 직진하든지 아니면 다 뒤집어버리든지 하려고요. 어떻게 생각하세요?"

수능시험과 취업을 합친 것보다 훨씬 더 중요한 문제인 '결혼'을 고민하는 후배에게 내가 조언을 해줄 자격이 있는지 모르겠다.
11년째 다니는 이 직장을 아직도 왜 다니는지, 무엇을 위해 다니는지 모르는 내가 말이다.

"음, 글쎄."
"제 질문이 좀 그랬나요? 송 과장님은 뭐든 처음부터 다 알고 계신 거 같아서요. 헤헤."
"내가? 아니야. 나도 모르는 거 많아. 그리고 얼마나 시행착오를 많이 겪었는데."
"네? 송 과장님이요? 전혀 그렇게 안 보이는데요?"

마흔을 코앞에 둔 나는 아직도 모르는 게 많고, 여전히 실수투성이이다. 이제까지 궁금한 것은 대부분 책에서 답을 찾았다. 책에서 못 찾은 답은 내 기억 깊숙이 새겨진 과거의 경험들에서 찾았다.

머릿속에 가장 움푹 패인 기억 중 하나는 대학교를 졸업하고 취업 준비를 하던 때이다. 자존감이 바닥을 치고, 나 자신에 대해 가장 의심을 품던 그때. 잠깐 그 기억을 되짚어볼까 한다.

3

몇 달 전 대학교를 졸업했다.

한창 취업 준비중이다. 나는 중학교 때까지 성적이 최상위권이었다. 공부머리는 있었는지 시험은 곧잘 보곤 했다.

그런데 고등학교 들어가서 성적이 조금씩 내려가기 시작했다. 그러다 성적이 바닥을 향하기 시작했다. 공부머리가 있는 것이 아니었다.

공부 방법인지, 이해력인지, 기억력인지, 집중력인지, 습득력인지 아무튼 공부를 잘하기 위해 필요한 능력이 부족해서 생각만큼 성적이 잘 나오지 않았다.

대부분 아는 문제를 틀렸다. 문제를 잘못 읽거나, 보기를 잘못 읽었다. 아는 내용인데도 문제를 맞히지 못했다. 사소한 실수가 반복되었다.

틀린 문제를 다시 풀었다. 알고 있는 것을 틀렸으니 대수롭지 않게 넘겼다. 그런데 이런 실수는 반복되었고 결국 수능 성적에까지 영향을 미쳤다.

대신 지문이 많지 않은 내신 성적은 좋았다. 그래도 엉덩이는 무거웠기 때문이다.

결국 내신 성적으로 대학을 갔다. 서울 소재 대학교에 진학했고, 학교를 다니며 수능을 한 번 더 봤다. 다시 본 수능 결과는 처음보다 더 엉망이었다. 원래 다니던 대학을 계속 다니게 되었다.

공부를 하려고 해도 자꾸 다른 것에 신경이 쓰인다. 긴 글을 읽는 것이 곤욕이다.

침대에 던져놓은 핸드폰을 바라본다. 혹시 누가 카톡을 보냈을 수도 있다. 침대에 누워 핸드폰을 확인하지만, 아무도 연락하지 않았다.

다시 의자로 가야 하는데 멀게만 느껴진다. 팔을 뻗어 참고서를 침대로 가지고 온다. 누워서 보다가 팔이 아파서

엎드려서 본다.

얼마나 시간이 지났을까. 텔레비전 소리에 잠에서 깬다.
그 사이에 잠이 들었다.
공부를 많이 해서 피곤했나.
얼마나 했는지 살펴보니 정확히 1쪽을 읽었다.
이게 나의 요즘 패턴이다.

4

외할머니 기일이다.
따로 제사는 지내지 않고, 어머니 쪽 남매들끼리 모여서
저녁식사를 했다. 이번에는 외삼촌네 집에서 식사를 한다
고 했다.
어머니가 대기업 인사팀에서 근무하는 외삼촌에게 어떻게
해야 취직할 수 있는지 물어보라고 한다.

외삼촌 집에 도착해 인사를 한다. 외삼촌은 자리에 앉자
마자 묻는다.

"취업 준비하고 있다면서? 이력서는 넣고 있어?"

"네, 학교가 그래서 그런지 서류 합격한 곳이 한 군데도 없어요."

"음…… 솔직히 말하면 학교가 중요하긴 하지만, 그게 전부는 아니야."

"아…… 소문이 진짜였네요. 학교 말고 또 뭘 봐요?"

"그 많은 자기소개서 다 읽어볼 시간이 없어. 빠르게 훑어보기는 하는데 눈에 띄는 거 있으면 그냥 뽑아."

"자격증이나 영어 점수 같은 건 보긴 하나요?"

"다들 스펙이 빵빵해서 그런 걸로 분간하기도 어려워. 요즘 애들은 어떻게 그런 걸 다 준비했나 몰라. 내가 만약에 지금 취업한다면 절대 못할걸."

"저는 자격증도 없고 토익 점수도 진짜 낮아요."

"영어 점수는 토익이나 토플이나 뭐라도 하나는 있어야지. 혹시 너 대기업에만 이력서 넣고 있어?"

"네."

"요즘 대학생들 그게 문제야. 전부 대기업에만 가려고 해. 나도 대기업에 다니지만 처음에야 멋있어 보이고 좋지. 그런데 대기업에서는 능력이 뛰어나도 인정 못 받는 경우도 많아. 잘난 애들이 워낙 많으니. 경쟁도 좀 심해? 내 친구 중에 중견기업 들어간 애 있는데 지금은 회사 주식도 받고 월급도 나보다 더 많더라. 그 회사 처음 들어갈 때만 해도 친구들이 왜 들어가냐고, 미쳤냐고 그랬어.”

외삼촌의 말이 길어진다.
“네가 아는 회사나 남들이 아는 회사에만 입사원서 넣지 말고, 공고 뜨는 거 잘 찾아봐. 뭐 하는 회사인지, 직원은 몇 명인지, 매출은 얼마인지, 업계 평가는 어떤지 네가 스스로 조사해봐. 찾아보면 괜찮은 회사들 많아.”

외삼촌이 말하는 중에 나는 피아노 앞으로 간다.
“내 말 듣고 있니?”
“회사요? 네네. 그런데 삼촌, 저 피아노 쳐봐도 돼요?”
“뭐야, 취업 얘기하다가 갑자기 무슨 피아노야? 너무 크게 치지는 말고.”

도. 레. 미.

내가 어린 시절 처음이자 마지막으로 다닌 학원이 피아노 학원이었다. 남들은 속셈 학원, 미술 학원, 태권도 학원까지 몇 개의 학원을 다녔지만 나에겐 피아노 학원이 전부였다. 초등학교 시절 집안 사정을 생각하면 사실 학원 하나 보내기도 쉽지 않았지만, 너무 배우고 싶다고 조르고 조른 덕에 그나마 가능한 일이었다.

다행히 결과가 나쁘지 않았다. 내가 정말 원해서 시작한 일이라 그런지, 아니면 정말 재능이 있었던 것인지는 모르겠지만, 지금은 이름도 기억나지 않는 소규모 콩쿨 대회에 나가 수상이란 것도 몇 번 해봤다. 6학년 때 이사를 가는 바람에 그마저도 그만두게 되었지만.

새로 이사 간 동네는 외진 곳으로 학원이 근처에 아예 없었고 중학교, 고등학교 때는 야간자습을 하느라 피아노를 만져볼 기회조차 없었다. 그렇게 피아노는 내 인생에서 완전히 떠난 줄 알았는데…….

돌이켜보니 내가 그나마 잘한다는 소리를 한 번이라도 들은 건 피아노가 유일했던 것 같다.

도. 미. 솔.

"외삼촌, 소리가 너무 좋아요."

"그래? 그 피아노 안 친 지 오래돼서 음이 좀 안 맞을 텐데."

식사가 끝나고 친척들과 정치 얘기만 하시던 부모님이 일어나더니 이제 집에 가자고 하신다. 피아노 뚜껑을 닫고 주섬주섬 옷을 챙겨 입고 부모님을 따라 나선다.

집으로 돌아가는 길에도 아까 친 피아노가 생각난다. 흰 건반이 살포시 눌리면서 나는 맑은 소리와, 검은 건반이 지그시 눌리면서 나는 한 음 꺾인 소리가 귓속을 맴돈다.

5

책상 의자에 앉는다.

어제 펼쳐놓은 토익 문제집이 그대로 있다. 아직도 첫 페이지다. 잡코리아와 사람인 사이트를 열어본다.

나는 안다. 내 스펙과 실력으로 대기업 입사는 불가능하다는 것을.

매번 부모님께 용돈을 타 쓰는 게 눈치 보인다. 친구들은

이미 취업에 성공해서 부모님께 용돈을 드린다고 한다. 부
모님께는 취업 공부한다고 하고 알바라도 해야겠다.

카페, 술집, 편의점…….

그래도 편의점이 제일 편하겠지.

면접을 보러 간다. 사장님 인상이 험악하다. 사장님이 자
기가 운영하는 편의점만 다섯 개라면서 한참 동안 자랑
을 늘어놓는다. 실컷 자랑을 들어주고 나니 내일부터 나
오라고 한다.

난생 처음 들어보는 취업 합격 소식이다.

아르바이트를 시작한 나는 실수를 연달아 한다. 기본적인
것조차 기억하지 못한다. 결국 이틀 만에 사장님이 그만
나오라고 한다. 알바 중에서도 가장 쉬운 편에 속한다는
편의점에서 나는 잘리고 말았다.

편의점 알바조차 제대로 못하다니…….

나는 잘하는 게 있기는 한 걸까.

숨 쉬기? 밥 먹고 자고 먹고…….

돼지네.

"너는 제대로 할 줄 아는 게 뭐냐?"

돼지는 죽어서 돼지고기라도 남기지…….

창밖을 바라본다. 창문은 내가 상상할 수 있는 모든 것을 그려볼 수 있다.

수능 전날에는 우주에서 날아온 소행성이 지구에 충돌해서 모든 것이 파괴되는 상상을 했다. 군대 가기 전날에는 러시아와 미국이 핵전쟁을 해서 세계가 박살 나는 상상을 했다.

지금은 피아노 치는 상상을 한다.

재즈바에서 나는 피아노를 연주한다. 밴드의 다른 멤버들이 뒤에서 드럼과 베이스를 연주한다.

손님들은 와인을 마시며 우리의 연주를 감상한다. 살짝 빠른 느낌의 드럼 비트 위에 통통 튀는 피아노가 얹히고, 묵직하게 깔아주는 저음의 베이스기타가 깔린다.

세 개의 악기 소리가 과하지도 부족하지도 않게 재즈바를 채운다.

이제 드럼과 베이스 멤버는 쉬고 나의 독주 무대다.

저쪽에서 원피스를 입은 여자친구가 들어온다. 눈인사를

하고 미소를 주고받으며 연주를 이어간다.

모두가 나를 바라보고 있다. 모두가 내 연주를 듣고 있다.

손가락이 멈추지 않고 피아노 건반 위를 돌아다닌다. 악보는 머릿속에 있다.

피아노 왼쪽 끝에서 오른쪽 끝까지 손가락이 닿지 않는 곳이 없다.

클라이맥스에 다다른다. 영혼이 이탈할 것만 같은 순간 연주가 끝난다.

일어나서 인사를 한다. 손님들은 박수를 친다.

여자친구가 나를 향해 걸어온다.

아름답다.

여자친구가 활짝 웃으며 말한다.

"신발 정리해라."

"뭐라고?"

"안 신는 신발 다 넣으라고!"

그녀의 입에서 아버지 목소리가 나온다.

"아…… 네, 아빠."

"현관에 신발이 몇 개야, 도대체. 안 신는 것들은 바로바로 넣어. 지저분하잖아."

"네……."

"그리고 넌 요새 뭐 하고 다니냐?"

"취, 취업 준비요."

"친구 자식 놈들은 다 취업했다던데……."

뒷말을 흐리며 방으로 들어가는 아버지 뒷모습이 쓸쓸하
고 초라해 보인다.

죄송하다. 나 같은 놈을 먹여 살리고 학비 대시느라 본인
인생도 제대로 못 사셨는데 아직까지 자식 놈은 손을 벌
리고 있다니…….

신발을 정리하고 다시 방으로 들어간다.

이메일을 확인한다. 며칠 전 이력서를 넣은 중소기업에서
연락이 왔다.

함께하지 못해 아쉽습니다.

다음에 좋은 인연으로 만나기를 희망합니다.

면접 볼 기회도 없이 '불합격'이라는 통보뿐이다. 아무도

만나기 싫다. 혼자서 고립되어 있는 시간이 많아진다. 오히려 그 편이 더 편하다.

6

고등학교 담임선생님이 말했다.

"너는 제대로 할 줄 아는 게 뭐냐?"

대학교 선배가 말했다.

"야, 너 때문에 동아리 발표 다 망쳤잖아. 꺼져."

첫 사회생활이었던 편의점 사장이 말했다.

"너 같은 인간은 처음 본다. 이렇게 쉬운 것도 못하냐?"

화장실에서 거울을 들여다본다.

멍청해 보이는 남자가 서 있다. 덜떨어진 남자가 서 있다. 잠옷이라고 입고 있는 티셔츠의 목은 축 늘어져 있다. 이틀 동안 감지 않은 머리에는 기름이 잔뜩 껴 있다. 그 아래 머릿속에는 쓰레기 같은 잡념들이 뒤죽박죽 뒤엉켜 있다.

나는 지저분하고 게으르고 아무것도 안 하는 사람이다. 더

럽고 무식하고 무능한 사람이다. 집 근처 편의점에 갈 때는
모든 사람들이 나를 불쾌한 눈으로 쳐다보는 것 같다.
계절의 변화도, 날짜의 변화도, 날씨의 변화도 모르는 채
시간이 지나간다.

나 같은 인간은 쓰레기처럼 버려져야 한다. 아니, 쓰레기
처리 비용도 아깝다. 내가 아무 데도 취직 못한 이유가 있
다. 다들 내가 쓰레기인 것을 알기 때문이다

그냥 나 같은 놈은 없어지는 게 모두를 위한 길이다.
볼펜과 종이를 꺼내 편지를 쓴다.

엄마, 아빠.
못난 아들 키워주셔서 감사했어요.
죄송합니다.
저 먼저 하늘에 가서 기다리고 있을게요.
사랑해요.

마지막 말을 종이에 쓰고 서랍 안에 넣어둔다.
내가 죽으면 언제고 이 서랍을 열어보시겠지.

칼날을 살짝 손목에 대본다.

날카롭다. 무섭다.

확 그어야 하는데 그을 자신이 없다.

이 방법은 아닌 것 같다.

다른 방법을 찾아야겠다 .

한강에서 점프?

약 먹기?

차 타고 가다가 전봇대를 들이받을까?

영화처럼 낭떠러지로 차를 날려버릴까?

칼이나 한강 다이빙보다는 액션영화 배우처럼 멋지게 가는 게 나아 보인다.

식탁 위에 놓여 있던 차 키를 집어 든다.

7

현관문을 조용히 열고 조용히 닫는다.

아빠 엄마에게 정식으로 인사라도 하고 나올걸 그랬다.

아니다. 편지 썼으니 괜찮겠지.

"너는 제대로 할 줄 아는 게 뭐냐?"

죄송합니다. 제가 없는 게 차라리 속이 시원하실 거예요.
이 세상도 저 같은 놈은 필요로 하지 않아요.
엄마, 아빠, 안녕히 계세요.

지하주차장으로 간다. 발소리가 지하주차장에 울린다. 이 어두컴컴한 지하주차장도 이제 마지막이다. 그렇게 생각하니 사소하게 지나쳤던 것들이 눈에 들어온다. '출구'라고 쓰인 글자가 유난히 또렷이 보인다.

소나타의 시동을 건다. 뉴스에서 에어백이 잘 안 터진다는 기사를 본 기억이 난다.
속도가 나야 충격이 있을 테니 자유로 쪽으로 가볼까.
내비게이션에 임진각을 입력한다. 자유로를 달린다. 차도 없고 사람도 없어서 운전하기 너무 좋다. 딱히 어디를 박거나 떨어지거나 할 만한 곳이 없다.

속도를 올린다. 시속 110, 120, 130, 140, 150, 160.
차가 부들부들 떨린다. 바퀴들이 다 빠질 것 같다. 엔진이 터질 것만 같다. 160까지 속도를 올리니 시야가 좁아지면서 처음 느껴보는 속도의 쾌감이 느껴진다.

이제 여기서 뭘 박지? 그냥 눈을 감아야겠다.

나는 눈을 감고 핸들에서 손을 뗀다. 영화 비트에서 정우
성이 눈 감고 두 손 놓고 오토바이 타는 장면이 떠오른다.
내 인생의 마지막 순간이 다가온다. 이 지긋지긋한 세상과
안녕이다.

그때 내비게이션이 "과속 단속 구간입니다"라고 말을 한다.
가는 마당에 아버지께 과속 딱지를 드리고 싶지는 않다.
속도를 줄인다.
어, 생각해보니 속도를 줄인 상태에서 박으면 안 죽을 것
같은데.

쾅!

굉음이 어둠 속 공기를 흔든다.
곧바로 언제 무슨 일이 있었냐는 듯 고요하다.

드디어 끝난 건가.
눈을 뜬다. 온 세상이 하얗다.

"너는 제대로 할 줄 아는 게 뭐냐?"   45

눈앞에 구름이 있다. 손으로 만져본다. 푹신하다.
푹신? 구름이 만져져?
고개를 드니 나의 손은 에어백 위에 있다.

나 아직 살아 있나?
아닐 거야.
이러고 있으면 천사나 저승사자들이 와서 내 팔짱을 끼고
길을 안내하겠지.
이렇게 세게 박았는데 살아 있을 리가 없어.
목과 허리가 욱신거린다.
아오! 에어백 안 터진다며!

그래, 나는 살아 있다.
살았다.
아니, 반반이다. 살아 있지만 죽어 있다.
그렇게 나는 그대로 정신을 잃었다.

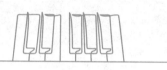

도, 레, 미

1

며칠 뒤, 아버지에게 낯선 번호로 전화가 온다.

"여보세요."

"안녕하세요. 여기 경기 고양경찰서입니다."

"네? 무슨 일이시죠?"

"아드님이 사고 낸 차량의 블랙박스 영상을 보험회사에서 분석 요청을 해서 조사해봤는데요. 이상한 점이 있어서요. 아드님과 한 번 와주셨으면 합니다."

"네? 아직 병원에 있습니다. 그런데 뭐가 이상하다는 거죠?"

"분명히 아드님께서 졸음운전으로 사고가 났다고 하셨는데요. 졸음운전이 아닌 것 같습니다."

"졸음운전이 아니면…… 뭐죠?"

"네, 설명해드리자면요. 차가 출발한 지 10분 후에 사고가 났어요. 그런데 졸음운전은 보통 10분 안에 나지 않거든요. 최소 20~30분이 지나야 잠에 빠져서 사고가 납니다. 그리고 속도가 너무 빨랐어요. 보통 아드님이 이렇게 과속을 하나요?"

"우리 애가 과속을 할 성격은 아닌데요. 쫄보라…….'

"거의 시속 150킬로미터 가까이 달리는 것도 이상하고, 사고 직전에 브레이크를 밟았어요. 보통 졸음운전은 브레이크를 밟지 않습니다. 추정되는 것은 음주운전이나…… 자살 시도입니다."

"자, 자살 시도요? 설마요. 술은 안 먹은 게 확실합니다. 왜냐하면 차 가지고 나가기 몇 분 전까지 같이 있었거든요."

"그럼 자살 시도를 했을 수도 있습니다. 믿기지 않으시겠지만요."

"말도 안 됩니다. 우리 애가 그랬을 리가 없어요."

"아드님 방에 들어가셔서 책상이나 서랍, 침대, 쓰레기통 한 번 봐주세요. 그리고 한 번 오셔서 아드님 이야기를 들어야 사고 처리가 원활하게 이뤄질 것 같습니다. 보험금도 어떻게 처리될지 결정될 것 같고요."

"네…… 알겠습니다."

아버지는 방으로 들어간다. 정리가 안 된 지저분한 방이다. 이불은 자고 일어난 모양 그대로 뭉쳐 있다. 이불을 풀어서 털어본다. 허연 먼지만 날릴 뿐 아무것도 없다.

책상 위에는 토익 책과 펜들이 흩어져 있다. 서랍을 열어본다. 편지가 있다.

아버지는 멍하니 편지를 읽는다. 손이 부들부들 떨린다.

아들이 정말로 자살 시도를 하려고 했다.

왜 도대체 왜……. 왜 모르고 있었지…….

뭐가 힘들었던 거지…….

아버지는 편지를 제자리에 둔다.

경찰서로 다시 전화를 건다.

"방금 통화드렸던 애 아버지입니다."

"네, 뭐 발견하셨나요?"

"자살 시도…… 맞습니다."

"요즘 이삼십 대 친구들 사이에서 자살 시도가 정말 빈번

합니다. 충격받으셨겠지만, 마음 잘 추스르시고 아드님 데
리고 정신과 한 번 가보시기를 권합니다."

"네…… 알겠습니다."

"저희가 보험회사에 전달할 테니 사고 처리는 너무 걱정
마시고요."

"네…… 감사합니다."

아버지는 나에게 경찰서에서 정신과를 반드시 가야 한다
고 했다고 말씀하신다. 나는 별 거부감 없이 고개를 끄덕
인다.

나는 내가 제정신이 아니라는 것을 잘 안다.

2

아버지와 함께 정신과에 간다.

자동문이 열리고 접수대가 보인다.

"접수하시고요. 이거 작성해주시고요. 다 쓰셨으면 저한테
주세요."

나는 설문지를 작성하고 간호사에게 내민다.

몇 분 뒤, 간호사가 내 이름을 부르며 말한다.

"원장실로 들어가세요."

갑자기 아버지가 끼어들어 말한다.

"잠깐 저 먼저 들어가서 선생님하고 얘기하고, 다음에 아들이 들어가도 될까요?"

"네, 알겠습니다. 원장님께 먼저 말씀드릴게요."

아버지 혼자 원장실에 들어간다.

"안녕하세요."

"안녕하세요, 원장님."

"아드님이 어디가 불편해서 오셨나요?"

"밖에 있는 제 아들이 자살 시도를 하다가 차 사고를 냈어요. 아들은 제가 모르는 줄 알아요."

"자살 시도한 건 어떻게 아셨어요?"

"유서를 자기 책상 서랍에 두고 갔는데 제가 읽고 못 본 척했습니다."

"네, 잘 알겠습니다."

"감사합니다."

아버지가 원장실에서 나오고 내가 들어간다.

"안녕하세요."

"안녕하세요."

"어디가 불편해서 오셨어요?"

"경찰서에서 가라고 해서 왔어요."

"무슨 일이 있으셨나요?"

"얼마 전에 교통사고가 있었어요."

"자세히 설명해주실 수 있으세요?"

"음…… 운전하다가 갓길에 주차되어 있던 차를 박았어요."

"서 있는 차를 못 보신 건가요?"

"네……."

"이유가 있었나요?"

"눈을 감고 있었어요."

"운전하는데 눈을 감고 있었다고요?"

"네……."

"왜요?"

"피곤해서요."

나는 고개를 숙인다.

솔직히 말을 할까 말까.

"정말 피곤하셨던 거 맞나요?"

"아…… 그게……."

나는 혹시 아버지가 뒤에 있는지 무의식적으로 돌아본다.

"괜찮아요. 진료실 안에서의 얘기는 다른 누구에게도 이야기하지 않아요. 저만 알고 있을 거예요."

"네……."

정적이 흐른다.

고개를 숙인다. 의사와 눈을 마주치는 게 어렵다.

3

나는 고개를 푹 숙인 채 앞뒤 없는 말을 꺼낸다.

"저는…… 쓰레기예요."

"왜 그렇게 생각하시죠?"

"남들이 저 보고 할 줄 아는 게 뭐가 있냐고…… 욕만 먹고…… 제가 무슨 일을 하면 저 때문에 다른 사람들이 다 피해를 봐요……."

"최근에 그런 경험이 있으셨나요?"

"취업 자리 구하다가 안 돼서 편의점 알바를 했는데……

계속 실수하고 시킨 일을 기억도 못해서 욕만 실컷 먹고 이틀 만에 잘렸어요."

"그러셨군요. 많이 속상하셨겠어요."

"네…… 알바할 때뿐만 아니라 학교 다닐 때도 제대로 하는 게 없어서 동아리에서도 욕만 먹고 쫓겨났어요."

"혹시 기억나는 장면들이 있나요?"

"시간 왜 안 지키냐고 하고, 청소 똑바로 못하냐고 하고, 그러다가 왜 사냐, 할 줄 아는 게 뭐냐, 너 때문에 망했다, 그런 말 많이 들었어요. 저도 제가 왜 맨날 실수만 하고 피해만 주는지 모르겠어요. 그러고 싶어서 그러는 게 아닌데요."

"음…… 그럴 의도가 아니었는데 그런 말들을 듣게 되어서 상처를 많이 받으셨겠어요. 그런 좌절이 반복되면서 오랫동안 우울하게 지냈을 가능성이 있겠군요. 내가 살아서 뭐 하나 이런 생각도 해보셨나요?"

"네…… 요즘 그런 생각 많이 들어요."

"구체적인 자살 방법을 생각하거나 시도해봤다거나 하신 적도 있나요?"

"네, 살 이유가 없더라고요."

"혹시 그래서 차 사고를 내신 건가요?"

"네…… 네? 아, 아무한테도 말하지 말아주세요."

"그럼요. 안정이 필요한 상태예요. 지금 아르바이트는 안 하시는 거죠?"

"네, 잘렸어요. 취업을 준비하고 있긴 한데…… 가망이 없어요. 저를 써줄 리가 없어요."

"현재 상태에서 스트레스를 받으면 우울감이 심해질 수 있고 그걸 감당하기가 힘들어질 거예요. 일단은 안정이 필요할 것 같네요. 기분을 더 나은 상태로 만들 수 있는 취미 같은 게 있으세요? 재미있다고 느껴지는 거요."

"피아노 연주 보고 듣는 게 좋아요. 유튜브로 보는데…… 그게 유일한 낙이에요."

"댁에 피아노 있으세요?"

"아니요. 집에는 없어요. 외삼촌네에서 오랜만에 건반을 눌러봤는데 좋더라고요. 그런데 그래 봤자 제가 뭘 하겠어요."

"사람들이 나에게 상처를 주듯이 스스로에게 상처를 주고 있는 것 같아요. 오늘은 여기까지 할게요. 나가서 검사지 작성하고 가세요. 그리고 아버님 들어오시라고 해주세요."

"네, 감사합니다."

아버지가 들어오자 의사가 의자를 권하며 얘기를 시작한다.

"아드님이 많이 우울한 것 같습니다."

"네……."

"아르바이트를 하면서 계속되는 실수로 많이 위축돼 있어
요. 예전부터 사소한 실수를 반복하면서 자존감도 낮았던
것 같고요."

"아르바이트요?"

"네, 편의점 아르바이트를 했다고 하던데요."

"전혀 몰랐어요. 취업 준비한다고 나가기는 했는데…… 신
경 안 썼거든요."

"지금 작성하고 있는 설문지를 보면 더 자세히 알 수 있겠
지만, 아드님은 ADHD일 가능성이 매우 높습니다."

"AD…… 그게 뭐죠?"

"주의력결핍 과잉행동장애라고 해서 흔히 있는 질환 중 하
나입니다. 혹시 주변 정리를 못한다거나 줄 서기를 힘들어
한다거나 시간 약속을 잘 못 지킨다거나 그런 모습을 보인

적이 있나요?"

"네, 항상 그랬어요. 어릴 때 놀이동산을 가면 줄이 조금만 길어도 못 기다리겠다고 하고, 방 정리는…… 진짜 돼지우리예요. 정리를 시켜도 본인은 했다고 하는데 제가 봤을 때는 아니거든요."

"네, ADHD는 어릴 때 시작되어서 성인까지 연결되는 경우가 많아요. 지금은 우울 증상 때문에 자살 시도까지 했다는 게 중요하니 우선 이 부분부터 치료를 시작하고 ADHD는 차차 치료하는 걸로 할게요."

"네……."

"약 처방해드렸으니 꼭 먹도록 해주시고요."

"네, 선생님. 감사합니다."

"아, 아드님이 피아노 치는 것을 좋아하던데 기분 전환을 위해 피아노나 키보드를 집에서 연주하게 해도 좋을 것 같아요."

"아 네……."

아버지는 원장실에서 나와 로비로 간다. 카운터에서 계산을 하고 병원을 나온다. 주차장으로 가는 길에 아버지가 말한다.

"너 피아노 치고 싶니?"

"어떻게 아셨어요?"

"그때 너 외삼촌 집에 갔을 때 피아노 만지작거렸잖아."

"아아…… 그냥 옛날 생각이 나서요."

"옛날 생각?"

"예전에 저 초등학교 때 피아노 학원 다니다가 이사 가는 바람에 중간에 그만뒀잖아요. 계속할 수 없어서 아쉬웠거든요."

"그랬구나……."

4

다음 날, 아저씨 두 명이 피아노를 들고 집으로 들어온다.

"엄마, 이거 뭐예요?"

"외삼촌한테 피아노 쓰냐고 물어봤더니 안 쓴다고 하더라. 가져가래."

"아……."

"네 아빠가 새 거 사자고 했는데 그냥 이거 얻었어. 이것도 비싼 거야. 사람 불러서 조율만 좀 하면 돼."

"네……."

피아노 의자까지 왔다. 피아노 의자는 일반 의자와 다르다.
상단이 열렸던 것이 기억이 난다. 뚜껑을 들어보니《체르
니》,《소나티네》등등 피아노 악보가 여러 권 들어 있다.
아, 얼마 만의 체르니인가.
마지막으로 배웠던 곡이 아직도 기억이 난다.

어머니는 걸레를 가지고 와서 먼지를 싹 닦아주신다. 얼마
나 피아노를 안 썼는지 걸레에 회색 먼지가 가득 묻어난다.
어머니께서 말씀하신다.
"너 이사 가면서 피아노 학원 못 다닌다고 울었던 거 기
억 나?"
"네."
"피아노 하나 사고 싶었는데 우리 집이 좀 가난했니. 지금
이야 먹고살만 하지만, 그때는 하루 벌어 하루 먹고 살았
을 때라…… 미안하다."
"아니에요."

나는 예전에 배웠던 《체르니》를 펴고 하나하나 기억을 더듬어간다. 샵, 플랫, 낮은음자리표…… 기억이 잘 안 난다.

피아노 학원을 다녀야 하나.

학원 선생님이 못한다고 혼내면 어떡하지.

나는 유튜브 영상을 열어 피아노 강의를 검색한다. 엄청나게 많다. 몇 개를 보다가 가장 친절하고 간략하게 설명하는 영상을 본다. 악보 앞에 핸드폰을 올려놓고 영상에서 하라는 대로 따라해본다.

재미있다.

친구들에게 카톡이 오는데도 확인하지 않는다.

그렇게 며칠을 종일 피아노 연습만 한다. 먹고 자고 피아노만 친다. 옛날에 치던 《체르니》는 금방 따라할 수 있게 되었다.

나는 당이 떨어져 월드콘을 사러 가기 위해 엘리베이터를 탄다. 엘리베이터 문이 열린다.

엘리베이터 거울에 A4 종이 한 장이 붙어 있다.

피아노 연주 자제 요청.

아파트는 많은 주민이 생활하는 공동 주거 공간이오니

늦은 시간 이웃에게 피해를 주는 소음은 삼가해주시기 바랍

니다.

흠…… 이거 나보고 하는 말인가?

내가 뭐…… 세게 치는 것도 아닌데…….

5

이튿날, 아버지가 들어오신다.

큰 박스를 현관 앞에 내려놓는다.

"아빠 왔다."

"오셨어요?"

"엘리베이터에 쓰여 있는 거 봤니?"

"네."

"그거 우리 집 얘기 같은데. 그래서 이거 가지고 왔다."

아버지가 정체불명의 박스를 연다. 달걀판이다.

"다 뭐예요?"

"방음에는 달걀판이 최고야."

"어디서 가지고 오셨어요?"

"저기 뷔페 식당 가서 남는 거 전부 달라고 했지. 바닥, 천장, 벽에 다 붙이자."

"이걸요?"

"네가 마음 편히 피아노 치려면 붙여야 해."

"네……."

아버지와 나는 달걀판을 딱딱 맞게 붙인다. 바닥에는 다닐 수 있는 길만 남겨놓고 다 붙인다.

아버지와 나는 땀이 흐른다. 아버지와 무슨 일을 같이 하기는 처음인 것 같다. 매일 봐서 몰랐는데, 자세히 보니 예전보다 많이 늙으셨다.

검게 그을린 두툼한 손, 얼굴의 검버섯들, 검은색 머리카락보다 많은 은색 머리카락, 이마 위의 깊은 주름, 축 처진 눈꼬리…….

아버지의 땀이 달걀판 위에 떨어진다.

아버지께서 말씀하신다.

"만약에 엘리베이터에 메모가 또 붙으면 달걀판을 이중으로 붙이자. 식당에 보니까 달걀판이 잔뜩 있더라."

"네……."

"방문에도 붙여야 해. 나도 잠 좀 자자 이제. 내가 밖에 붙일 테니까 네가 안에다 붙여."

아버지는 방문 바깥쪽에 달걀판을 붙이고, 나는 방문 안쪽에 달걀판을 붙인다. 문 너머를 통해 아버지의 손 움직임이 느껴진다.

아버지는 남은 달걀판을 베란다에 옮겨두신다.

"문 닫고 피아노 쳐봐. 들리나 보게."

나는 건반을 누른다.

땅.

"한 번 더 쳐봐."

땅.

아버지의 땀이 한 방울 떨어진다.

또르르.

건반을 하나씩 눌러본다.

땅.

아버지의 땀이 한 방울 떨어진다.

또르르.

건반을 누를 때마다 해머가 현에 닿고, 아버지의 마음이 내 마음에 닿는다.

나는 아버지가 만들어준 방에서 혼자 유튜브를 보며 피아노를 쳤다. 되면 되는 대로 안 되면 안 되는 대로, 그렇게 피아노를 혼자 배웠다.

6

요즘은 혼자 피아노 치는 시간이 제일 행복하다.

시간이 좀 걸리긴 했지만, 초등학교 때 상을 받던 실력이 어느 정도 돌아오는 느낌이다. 악보 뒷부분에 있는 어려운 교향곡들도 열심히 연습하고 또 연습하니 제법 제대로 칠 수 있게 되었다. 내 멋에 취해 내가 하는 것이니 그저 재미나긴 하는데 문득 궁금하다.

내 실력은 어느 정도일까.

아버지 말로는 교회 피아노 반주자보다 내 실력이 낫다고 한다. 자식이니까 하는 소리겠지 싶다 가도, 그래도 궁금하다.

나는 핸드폰을 집어 든다. 알바천국 사이트에 접속해서 피아노 강사 자리를 찾아본다.
예일 음악학원…… 바흐 음악학원……. 재즈바?
재즈바를 클릭한다.

시간: 오후 7시~새벽 1시.
시급: 15,000원(협의 가능).
조건: 재즈밴드와 협주 및 독주 가능자.
필수곡 및 자유곡 가능합니다.
피아노를 사랑하고 밴드와 잘 어우러져 아름다운 음악을 만들어낼 수 있는 분을 찾습니다.

음악학원 두 군데와 재즈바에 전화해서 면접 시간을 잡는다.

며칠 후, 단정하게 차려 입고 음악학원으로 간다.
"어떻게 오셨어요?"
"강사 면접 보러 왔습니다."

"아, 30분 늦으시기에 안 오시는 줄 알았어요. 전화로 약속만 잡고 안 오는 사람들이 꽤 있거든요. 이쪽으로 오세요."

안내받은 작은 방으로 들어가 피아노 몇 곡을 짧게 친다. 그러고는 사무실로 들어간다. 수강하는 아이들이 왔다 갔다 한다.

"앉으세요."

"네."

"수강생은 아이들이 가장 많고요. 성인들도 있어요. 비율이 7대 3 정도?"

"네."

"학교는 어디 나오셨어요?"

"저…… 서울 어디……."

"피아노는 전공하셨고요?"

"아니요, 수학이랑 경제학……."

"솔직히 말씀드리면 기본이 너무 없어요. 가르치려면 이론도 중요하고 기본적인 손가락 움직임 같은 기초가 굉장히 중요하거든요. 그런데 치시는 걸 보니 너무 변칙적이고…… 학생들을 가르치기는 어려워 보입니다. 피아노는 어디서 배우셨나요?"

"어릴 때는 대회에 나가서 상도 받고 그랬는데 지금은 집에서 독학으로……."

나는 고개를 숙인다.

"아, 그러셨구나……. 죄송합니다. 잘 치시기는 하는데 저희는 피아노를 전공하신 분이 필요해서요."

"네, 알겠습니다."

나는 자리에서 일어나 학원 밖으로 나간다.

이럴 줄 알았지.

편의점 알바도 제대로 못하는 내가 무슨 선생님이야. 말도 안 되지.

피아노 전공자도 아니고 독학인데 써줄 리가.

나는 마음의 상처를 하나 얹고 다음 음악학원의 위치를 확인한다.

가지 말까.

어차피 안 받아줄 텐데.

몇 시지. 시간도 늦었네. 에이 그냥 가지 말자.

재즈바도 피아노 전공자를 찾으려나…….

거기 일은 누구 가르치는 것도 아닌데…….

그 순간 학원에서 들었던 마지막 말이 떠오른다.

"잘 치시기는 하는데……."

나는 재즈바로 향한다.

7

오픈 전인지 불이 꺼져 있고 손님도 없다.

의자는 테이블 위에 올라가 있고 내 또래처럼 보이는 사람
이 대걸레질을 하고 있다.

"안녕하세요. 면접 보러 왔는데요."

"사장님 화장실 가셨어요. 여기서 잠깐 기다리세요."

나는 주위를 쓱 둘러본다. 앞쪽에는 드럼과 키보드가 있
고 벽에는 기타가 세워져 있다.

여기서 뽑히면 나도 저기서 연주를……?

영화 〈라라랜드〉에서 보던 무대와 얼추 비슷하다. 꿈꾸던
무대가 바로 앞에 있다니 믿기지 않는다.

"일찍 오셨네요. 면접 보러 오신 거 맞죠?"

사장님이다.

"안녕하세요."

"여기 앉으세요."

"나이가 어떻게 되세요?"

"스물 여덟입니다."

"젊으시네요. 우리 드럼 치는 친구가…… 스물 아홉인가? 비슷해요. 베이스 하시는 분이 삼십 대 후반이고요."

"네……."

"재즈밴드 경험 있으세요?"

"아니요."

"재즈밴드가 각자 대충 치는 것처럼 보여도 다른 밴드처럼 서로 어우러지는 게 중요하거든요. 음…… 한 번 저기서 쳐보시겠어요? 아무거나요."

사장님이 키보드 전원을 켜고 의자를 빼준다.

나는 가장 자신 있는 곡을 칠 준비를 한다. 숨을 크게 들이마시고 연주를 시작한다.

사장님과 청소하던 직원, 관객은 두 명이다.

부모님 다음으로 두 번째 관객이다.

관객이 있다는 것은 혼자서 칠 때와는 다른 긴장감이 있다.

연주가 시작된 후 피아노와 타건감이 달라서 조금 당황한
다. 다행히 손가락의 힘을 조절해 무사히 연주을 끝마친다.
초반에나 관객이 신경 쓰였지 치다 보니 어느새 연주에만
몰입한다.
연주가 끝난다.

짝짝짝짝.
"와, 잘 치시네요 재즈곡 아무거나 쳐보시겠어요?"
"아…… 실은 재즈는 안 쳐봤어요."
"알겠습니다. 생각해보고 연락드릴게요."
"네."
나는 대충 인사를 하고 급히 재즈바를 빠져나온다.

면접 보기 전까지는 면접에 대한 압박감이 있었는데 끝내
고 나니 후련하다. 재즈곡도 안 쳐봤고 합주도 안 해봤으
니 날 뽑지는 않을 것 같다.

긴장을 계속했더니 배가 고프다. 집에 가는 길에 편의점에
들러 삼각김밥과 바나나우유를 산다. 편의점 앞 의자에
앉아서 포장을 뜯는다. 음악학원에서 거절당하고 재즈바

에서 죽 쑨 면접에 지쳐 있던 나는 달콤한 바나나우유를
마시고 기분이 조금 나아진다.

8

집에 도착한다.

아무도 없다. 적막하다. 멍하게 소파에 앉아 있는다.

잠시 뒤, 아버지가 들어오신다.

"면접 봤어?"

"네……"

"왜? 잘 안 됐어?"

"네, 피아노 학원에서는 피아노 전공자만 뽑는대요."

"그래? 그럴 수 있지……."

"재즈바에서는…… 밴드 경험 있는지 물어보고, 재즈곡을
쳐본 적 있는지 물어보더라고요. 안 될 것 같아요."

"그래, 너무 실망하지 마라. 실력만 보고 뽑아주는 곳이
있을 거야."

"네……."

방에 들어가 유튜브로 재즈 연주곡을 찾아본다. 일반 클래식 연주와는 다르다. 드러머, 베이시스트와 눈빛으로 호흡을 맞추는 게 굉장히 인상적이다. 오늘 재즈바에서 연주를 하던 때가 떠오른다. 한순간이었지만, 제대로 해보지도 못했지만, 그래도 짜릿했는데. 하아, 뭔가 아쉽다.

그때 전화가 온다.

"안녕하세요. 재즈바입니다."

"아, 네네. 안녕하세요."

"다음 주부터 나올 수 있으세요?"

"네? 제, 제가요?"

"네. 악보 몇 개 링크 걸어드릴 테니까 그거 연습해서 오시면 됩니다."

"네! 알겠습니다! 감사합니다!"

으하하하하하하.

내가 합격했다!

내 실력으로 합격했어!

"아빠, 아빠, 저 재즈바에 합격했어요!"

"뭐? 축하해! 거봐. 널 알아봐주는 사람이 있을 거라니까."

"고마워요, 아빠. 지금부터 재즈곡 연습하려고요."

"그래. 잘해봐. 장하다, 아들."

아버지와 병원에 가는 날이다.

"안녕하세요, 선생님."

"안녕하세요. 요즘 어떻게 지내세요?"

"선생님, 저 재즈바에서 피아노 치게 됐어요."

"축하드려요. 언제부터 해요?"

"다음 주부터요. 그래서 재즈곡 연습하고 있어요."

"저도 한 번 갈게요. 너무 멋질 것 같아요."

"하하, 고맙습니다."

"요즘은 기분이 어때요?"

"사실 피아노 학원 강사 자리 알아보는데 거절당해서 속상했어요. 그런데 재즈바에서 일하게 돼서 기분이 나아졌어요."

"학원보다 재즈바가 더 잘 어울리는데요?"

"그렇죠? 하하."

"아버님도 많이 응원해주시던가요?"

"네, 아빠가 많이 도와주셨어요. 같이 좋아해주시고요."

"그러셨군요. 그때 기분이 어땠어요?"

"사실 아빠랑 그동안 거의 말을 하지 않고 지냈는데 지금이라도 이렇게 얘기하는 게 좀 신기하긴 해요. 낯설기도 하지만…… 솔직히 좋아요."

"아버지도 같이 얘기하는 게 좋으실 거예요. 앞으로 사소한 일이라도 그냥 말해봐요. 부모님들은 그런 소소한 대화 나누는 것을 좋아하세요."

"이 정도 나이 먹었으면 저 혼자 다 해야 한다고 생각했는데 몰랐어요. 애 취급받을까봐……."

"아무리 나이가 많이 들어도 부모님에게는 아직 어린아이예요."

"네, 선생님."

"약은 잘 먹고 있나요?"

"네, 먹고 있어요."

"그래요. 오늘은 여기까지 할게요."

"네, 감사합니다."

목표는 60억 보상받기

1

정신과를 다니면서 알게 되었다.

나는 우울증과 주의력결핍 과잉행동장애가 있는 사람이다. TV에서만 보던 정신병이 나에게 있다니……. 조금도 가만히 있지 못하고, 긴 글도 읽지 못하는 이유가 바로 이것 때문이었다.

나는 '정신병자'다. 정신병자는 좀 어감이 세니까 '정신질환자'라고 해야겠다. 의사 선생님을 믿고 조금이라도 나아지기 위해 상담도 계속 받고 약도 열심히 먹는다.

2주째 약을 먹으면서, 조금씩 아주 조금씩 안절부절못하는 증상이 나아지는 것 같다. 뉴스 기사도 예전보다 더 집중해서 읽을 수 있다. 평소 다리를 떠는 습관, 손톱을 뜯는 버릇, 시간 약속을 못 지키는 일도 조금씩 좋아지고 있다.

좋은 일은 또 있다. 재즈곡 연습하는 일이 즐겁다. 재즈바 사장님이 보내준 링크로 악보를 다운받아 집에서 매일 연습을 한다. 재즈바 분위기를 내기 위해 방의 불을 끄고 책상 위의 스탠드만 켠다.

분명히 재즈바는 어두운 분위기일 텐데 악보를 가지고 가서 보는 게 쉽지 않겠지. 다 외워가야 한다, 무조건.

2

드디어 재즈바에 처음 출근하는 날이다.

정장을 갖춰 입고 머리에 힘주고 출력해둔 악보를 챙긴 다음, 거울을 본다.

그럴싸하다. 나에게도 이런 모습이 있다니.

턱을 들고 이리저리 살펴본다. 이상 무.

재즈바로 간다.

또 늦었다. 뛰어간다. 이놈의 시간 개념. 좀 나아졌나 싶더니만.

밴드 멤버들은 인사도 없이 바로 연주를 시작한다.

멤버 중 가장 나이 많은 베이시스트가 말한다.

"1번 곡부터 시작할게요."

두근두근.

첫 합주다. 드럼이 가장 먼저 시작한다.

역시나 어두운 조명 아래에서 촘촘한 악보가 잘 보이지 않는다.

외워올걸 그랬다. 곡이 많다 보니 다 외우지 못했다.

휴, 좀 틀렸지만 그럭저럭 친 것 같다.

베이시스트가 말한다.

"키보드, 많이 틀린 거 알죠?"

"네. 어? 사…… 사장님?"

"뭐야, 네가 여기 웬일이야! 나 원 참…… 나중에 얘기해. 일단 시간 없으니까 다음 곡 간다."

내가 일했던 편의점 사장이 왜 여기에!

베이시스트이자 편의점 사장님이 가방에서 맥주를 한 캔 꺼내 벌컥벌컥 마신다. 나는 그 모습을 멍하니 지켜본다.

"뭘 쳐다봐? 나는 좀 알딸딸해야 손가락이 잘 움직여. 느낌도 살고. 너도 마시고 싶으면 마셔. 사장님한테 달라고 해."

"아, 아닙니다……."

재즈바 사장님이 말한다.

"하하, 베이스 형님은 취기가 좀 있어야 실력이 나와요. 이제 손님들 올 때 됐으니 저는 주방에 가 있을게요. 좀 쉬다가 시작하시죠. 그런데 전에 베이스 형님 가게에서 일했었어요?"

"네……."

"아, 저 새끼 이틀인가 삼일 일하고 나오지 말라고 했어. 사고만 쳐서."

"죄, 죄송합니다."

"뭐가 죄송해, 다 끝난 일인데. 키보드나 잘 쳐. 여기서는 그것만 잘하면 돼."

"네……."

첫 손님 두 명이 들어온다. 이 재즈바는 첫 손님이 입장하면 연주를 시작한다.

베이시스트가 말한다.

"가자."

나를 구박하던 편의점 사장과 같이 무대에 오르니 기분이 이상하다. 그래도 한 팀이다. 무대 위에서의 첫 공연. 드러머가 드럼 스틱으로 신호를 준다. 시작이다.

중간중간 쉬는 시간까지 포함해서 몇 시간이 지났는지 모르겠다. 그렇게 첫날 공연이 끝났다. 길었다면 길었고, 짧았다면 짧았다. 중요한 것은 너무 재미있었다는 점이다.

사장님이 집에 가려는 나에게 다가온다.

"첫날인데 오늘 잘하셨어요. 그런데 재즈곡은 최대한 외워서 익히는 게 좋아요. 악보를 보고 따라 치는 것과 곡을 충분히 소화하고 치는 건 차원이 다르거든요. 클래식 연주처럼요. 그럼 잘 가요."

"네, 안녕히 계세요."

집으로 돌아간다.

진이 다 빠졌다.

곡을 소화한다, 곡을 소화한다…… 무슨 뜻이지?

그냥 악보를 보고 치는 것과 외우고 치는 것, 뭐가 다른 거지?

집에 도착하니 꽤나 늦은 시간이다. 아버지가 주무시지 않고 기다리고 있다.

"어땠어?"

"아직 안 주무셨네요? 초반에 좀 틀렸는데 그 뒤로는 괜찮았어요."

"그랬구나. 내가 다 긴장되더라. 잘했어."

"하하. 뭘요. 좀 씻을게요."

나는 샤워기를 튼다. 평상시 같으면 차갑다고 느꼈을 온도인데 차갑지 않게 느껴진다. 물이 온몸을 감싸며 흐른다. 기분이 낯설다. 이제껏 무언가를 열심히 하고 지친 상태에서 샤워를 한 적이 있던가. 뭐든지 대충하고 어설프게 마무리하던 과거의 내가 아니다.

샤워를 끝내고 약을 먹는다. 방에 들어가 엄지발가락으로 컴퓨터 전원 버튼을 누른다. 컴퓨터가 켜지는 동안 핸드폰을 본다.
컴퓨터가 다 켜졌다. 이메일을 확인한다. 그동안 마구 뿌렸던 입사지원서에 대한 답장들이 와 있다.

불합격

불합격

불합격

불합격

불합격

⋮

합격

불합격

어? 합격? 정말?
외국계 회사에 합격했다. 그것도 엄청 크고 유명한 회사다.
면접을 보러 오라고 한다.

와우, 말도 안 돼.

이거 상상 속의 나는 아니겠지?

도대체 내가 어떻게 합격을? 물론 서류 합격이지만 그래도…….

어떻게 된 거지?

외삼촌의 팁이 그대로 적중한 건가?

"아빠! 저 외국계 회사에 서류 붙었어요!"

아버지는 믿지 못하겠다는 듯이 입이 살짝 벌어져 있다. 나만큼이나 아버지도 놀란 것 같다. 대답을 듣기 전에 나는 얼른 방으로 돌아와 메일을 자세히 읽어본다.

며칠 뒤 면접을 보러 오라고 한다.

설마 면접자들이 편의점 사장처럼 싸가지 없으랴.

설마 면접자들이 재즈바 관객보다 많으랴.

누구 앞에 서는 게 예전만큼 무섭지 않다.

책상에서 굴러다니는 면접 예상문제집을 편다.

거울을 보고 표정 연습도 해본다.

면접일이다. 같이 면접을 보는 능력자들이 검은 정장을 입고 앉아 있다.

나보다 훨씬 똑똑해 보인다. 다들 영어도 잘할 것 같고, 학점도 좋을 것 같다. 나처럼 정신질환도 없어 보인다.

드디어 내 차례. 책에 있던 예상 질문이 그대로 나왔다. 무난하게 대답했다.

결과를 기다리는 사이 나는 또 여기저기 입사지원서를 뿌린다. 회사 이름은 제대로 바꿔서 냈는지 모르겠다. 재즈 바에서 연주할 피아노 연습도 한다. 병원도 빠지지 않고 나간다. 약도 거르지 않고 먹는다.

4

하루는 피아노 연습을 하다가 손목이 아파서 쉬고 있었다.
아버지와 어머니의 대화를 들었다. 아버지 친구가 경기도 쪽에 땅을 제법 가지고 있었는데 그 일대가 개발되면서 보상을 받았다고 한다.
그 금액이 무려 60억 원.
아버지는 허탈해하는 말투였다.

나는 아버지의 허탈을 이해한다. 우리 집의 가난은 너무나 참혹한 수준이어서 누군가를 질투할 수준도 되지 못했다. 그저 허탈해하는 게 할 수 있는 전부였다.

비 올 것에 대비해 집안 군데군데 놓여 있던 플라스틱 양동이가 생각난다. 주방과 거실은 구분이 없었고, 집 안 한가운데에는 '브루스타'가 있었다. 한쪽에는 LPG가스통이 쌓여 있었다. 화장실은 집 밖에 있었다. 그런 비슷한 구조의 집을 초등학교 2학년, 아홉 살 때까지 9번을 이사를 다녔다.

동네에 익숙해질 때쯤이면 이사를 가야 했고, 어쩔 수 없이 전학을 가야 했다. 집주인에게 쫓겨난 것인지, 오른 월세 금액 때문에 밀려난 것인지 모르지만 이사를 다닐 수밖에 없었다.

무슨 이유였든 돈 때문이었을 것이다. 아버지나 어머니 직장 때문이라면 동네를 옮겼을 텐데, 같은 동네 안에서 이사를 다닌 것을 보면 분명히 돈 때문이다. 나는 어려서 뭐가 뭔지도 모르고 따라다녔지만 부모님은 얼마나 힘이 드셨을지 지금 생각해도 참 가슴이 아프다.

초등학교 1학년 때 반에는 부잣집 아이가 한 명 있었다. 아버지가 변호사라고 했다. 그 아이의 아버지는 각그랜저를, 어머니는 세이블이라는 외제차를 타고 다녔다. 학교 운동장에 차가 들어오면 모두가 눈을 떼지 못했다.

그 아이는 반 친구들에게 심부름을 시키곤 했다. 심부름값으로 100원을 떼어주고 문방구점에 가서 쥐포, 빵, 색종이 같은 것들을 사오게 했다. 그래도 심부름값을 제대로 줬으니 지금 생각해보면 아르바이트다. 나는 매번 내가 하겠다고 나섰다. 그런 일이 몇 번 반복되자 그 친구는 나에게만 일을 시켰다. 하루에 많이 벌면 500원까지 벌었는데 500원을 번 날은 5번 심부름을 했다는 뜻이다. 그런 날은 비가 오는 날이었다.

아버지는 트럭을 타고 다니셨다. 지저분하고 여기저기 찢어진 시트 틈으로는 낡은 솜이 튀어나와 있었다. 너무 심하게 삐져나온 것은 내가 손가락으로 밀어 넣곤 했다.

가끔은 아버지가 트럭으로 학교를 데려다주시곤 했는데 어느 날은 그 부잣집 아이가 내가 트럭에서 내리는 것을 보았다. 그러고는 교실에서 나를 놀렸다. 트럭을 타고 다닌다고. 놀렸다기보다는 있는 사실을 그대로 말했던 것 같다. 별 의도 없이 순수하게.

하지만 나는 괜찮지 않았다. 창피했다. 그때부터 그 아이가 시키는 심부름이 하기 싫어졌다.

비가 새고 화장실이 밖에 있는 집을 벗어나 처음으로 아파트라는 곳으로 이사한 것은 초등학교 3학년 무렵이다. 그때도 주차장에 트럭을 세워놓는 집은 우리 집뿐이었다.

5

아버지는 사업을 하셨다.

어떤 제품을 만드는 공장을 운영했는데 아버지는 늘 공장 점퍼를 입고 다니셨다.

공장 바로 근처에 있는 아파트로 이사를 하고 며칠 지나지 않아서였다. 새벽에 거칠게 문을 두드리는 소리가 났다.

쾅쾅쾅.

"사장님, 사장님! 얼른 나와보세요. 큰일 났어요!"

"왜 그래? 무슨 일이야!"

아빠는 다급히 문을 열었다. 나는 자리에 누운 채 온몸을 긴장한 채 귀를 쫑긋 세우고 있었다.

"큰일 났어요. 공장에 불이 났어요! 다 탔어요, 지금!"

아버지는 옷을 급하게 입고 뛰쳐나가셨다.

그날 밤, 종일 사고를 수습하고 돌아온 아버지가 어머니에게 이야기하는 소리를 들었다.

"방화래. 절반 정도 탔어. 벌써 두 번째네."

두 번째라니. 내가 기억도 못할 만큼 더 어릴 적에 누군가 불을 지르고 도망간 적이 있었던 모양이다.

공장의 화재는 아버지의 사업에 돌이킬 수 없는 해를 입혔다. 공장에 불이 나서 설비와 제품이 타버린다는 게 얼마나 치명적인지 그때는 미처 알지 못했다.

그럼에도 아버지는 어린 나에게 힘든 내색 한 번 보이지 않으셨다. 아버지는 직원들과 함께 조금씩 공장을 꾸려나갔다. 아버지는 포기하지 않았다.

며칠 뒤, 직원 중 한 명이 아버지를 찾아왔다. 그 시각 공장 근처를 지나가다가 누군가가 불을 지르고 도망가는 것을 봤다고 했다. 그러고는 그 직원은 한달 뒤쯤 퇴사를 했다. 아버지 공장 근처에 완전히 똑같은 제품을 만드는 공장을 만들어 사업을 시작했다.

아버지, 어머니, 나는 귤인지 사과인지 과일 한 상자를 들고 그 공장에 들렀다. 아버지는 진심 어린 말투로 사업이 잘되었으면 좋겠다며 그 직원의 손을 꼭 잡았다. 어린 나는 잘 몰랐지만 그 사람의 눈빛과 웃음에서 뭔지 모를 떨림을 느꼈다.

아버지는 그런 사람이었다. 그렇게 남에게 다 퍼주는 사람. 기계보다 더 많은 일을 하던 사람. 아버지는 그렇게 살아왔지만 정작 손에 남는 것이 없었다. 어린 내가 그 사실을 알 수 있었던 이유는 우리의 가난한 생활에 변화가 없었기 때문이었다.

미련할 정도로 앞만 보며 우직하게 일하시던 아버지를 힘 빠지게 한 것은 아버지의 친구가 60억을 보상받았다는 소식이었다. 가지고 있던 땅 일대가 정부의 사업으로 개발되면서 받은 돈이 60억이었다. 아버지처럼 해서는 수백 년을 일해도 벌 수 있는 돈이 아니다.

수십 년을 뼈 빠지게 일했지만 가진 게 없는 우리 아버지.
한 번에 땅을 보상받아 수십 억을 번 아저씨.

원래 사람은 비교하는 존재다. 그렇게 태어났다.
비교를 하면 안 된다는 것을 알면서도 할 수밖에 없다.
하고 싶어서 하는 게 아니라 저절로 그렇게 된다.
물이 높은 곳에서 낮은 곳으로 흐르듯이 말이다.

6

얼마 후, 60억을 보상받은 아저씨 댁 집들이에 갔다.
아버지와 오랜 친구라서 이사를 하고 가장 먼저 우리를 초대를 했다고 한다. 나는 그 아저씨가 욕심 가득한 얼굴일 거라 생각했다. 놀부처럼 입 주위에 심술이 가득할 것이 분명했다.

문이 열린다. 그런데 의외로 부드러운 인상의 아저씨는 웃음으로 우리를 맞는다. 흰머리 가득한 얼굴에는 인자함이 가득하다.

집 안으로 들어서는데 집이 한눈에 들어오지 않을 정도로 크다. 아저씨는 방을 하나하나 열어 우리에게 보여주신다. 나는 아버지, 어머니와 같이 아저씨를 따라다니며 설명을 듣는다. 방이 다섯 개인가 여섯 개에다 화장실은 세 개다. 화장실 하나는 우리 집 안방보다 크다. 화장실도 충격이지만 더 인상적인 것은 아저씨의 서재다. 어두운 톤의 원목 책상에 세트로 맞춘 것 같은 책장, 책장 안의 수많은 책들, 책상 위의 읽다 만 듯 펼쳐져 있는 책 한 권, 길게 뻗은 스탠드, TV 드라마에서 본 회장님이 앉을 법한 가죽 의자, 한쪽 벽에 걸려 있는 큼직한 유화 그림.
부럽다.

부엌으로 가니 가사도우미가 밥을 차리고 있다. 역시나 드라마에서만 보던 가사도우미다. 실제로 보기는 처음이다. 겉으로 보기에는 우리 어머니와 다를 바가 없다.
식탁에 차려진 음식을 보니 같은 반찬인데도 맛있어 보인다.

그릇이 고급스러워 보여서일까.

동그랗게 말린 김치. 그 위에 뿌려져 있는 깨.

집에서는 볼 수 없는 고기전. 그 위에 뿌려져 있는 깨.

명절 때나 먹는 잡채. 그 위에 뿌려져 있는 깨.

그 옆에 놓인 시금치나물. 그 위에 뿌려져 있는 깨.

저 깨가 뭐라고.

눈도 맛있고 입도 맛있고 다 맛있다. 솔직히 어머니가 해주신 것보다 맛있다. 이런 음식을 매일 먹는 아저씨와 그 가족이 부럽다.

저녁식사를 하는 내내 아버지는 기가 죽어 보인다. 아저씨는 전골의 국자 손잡이를 우리 가족 방향 쪽으로 돌려주며 많이 먹으라고 하신다.

아버지는 선뜻 국자를 들지 못하신다. 내가 먼저 조금 떠서 내 그릇에 담는다. 아버지가 머뭇거리는 사이 아저씨는 국자를 잡고 건더기를 가득 퍼올려 자기 그릇에 담는다. 자신감 있는 국자질이다.

식사가 끝나고 거실 소파에 앉는다. 가사도우미가 과일을 가져다주신다.

금색 테두리가 있는 큰 접시 위에 처음 보는 멜론, 망고, 체리, 키위가 빙 둘러 있다. 체리를 하나 집어 입에 넣는다. 팍, 파이팅 넘치게 입안에서 터진다.

아, 체리가 이런 맛이구나.

어라, 씹다 보니 씨가 있다. 이걸 뱉어야 하는 건가, 삼켜야 하는 건가. 모르겠다. 그냥 삼키자.

그렇게 계속 파이팅 넘치는 체리를 씨와 함께 열 개는 먹은 것 같다.

어린 마음에 선입견 때문인지 나는 아저씨가 괴팍하고 불쾌한 사람일 줄 알았다. 부자는 심술 많고 잘난 척하고 얼굴에 기름이 좔좔 흐를 거라 생각했다. 그런 모습을 찾으려고 애썼는데 그렇지 않았다. 우리 아버지와 다를 바 없는 평범한 중년의 아저씨였다.

내가 알던 부자의 이미지와 달랐다. 아저씨는 잘난 척 한 번 하지 않았고, 아버지의 사업에 대해 같이 고민을 하셨다. 아버지의 이야기를 끝까지 들어주시고, 아버지에게 도움이 될 만한 말씀들을 해주셨다.

현관문을 나서면서 아저씨는 나에게 용돈까지 손에 쥐어

주셨다.

그렇게 집들이는 끝났고, 돌아갈 시간이 되었다.

7

집에 도착했다.

신기하게도 문을 열자 다른 세상의 집이 보였다. 곰곰이 생각해보니 비가 새고, 문이 안 잠기고, 화장실이 밖에 있는 집에서 탈출한 지 얼마 되지 않았다.

지금 사는 집도 충분히 좋은데 그런 대궐 같은 집을 부러워하고 있는 스스로가 간사해졌다고 생각했다.

그런데 어떡하나. 부러운 건 부러운 건데.

집도 부러웠지만 아저씨의 여유로움이 더 부러웠다. 문득 나에게 동전을 주고 심부름을 시키던 초등학교 1학년 시절 같은 반 친구가 생각났다.

그 친구도 그런 집에서 살았을까.

그 친구도 그런 부모 밑에서 살았을까.

책상 앞에서 그런 생각을 하다가 거실로 나갔다.

아버지가 샤워를 마치고 TV를 켜려고 할 때 내가 물었다.

"아빠, 그 아저씨는 원래 그렇게 잘 살았어요?"

"아니, 우리 옛날에 살던 데 기억나? 그 근처에서 살았어."

"네? 그럼 그렇게 살다가 갑자기 벼락부자가 된 거예요?"

"벼락부자라……. 그렇게 말하면 그렇긴 한데. 그 친구는 당연히 잘돼야 했고 잘될 줄 알았어."

"왜요?"

"고생 엄청 했어. 돈 되는 일은 다했지. 아빠랑 같이 중학교 다닐 때 그 아저씨는 새벽에 신문 배달로 동네 한 번 싹 돌고, 바로 우유 배달까지 했어. 부모님이 어릴 때 돌아가셔서 동생들 먹여 살린다고 고생을 무지하게 했지. 할아버지가 배추 장사 했던 거 기억나지? 처음에는 그 아저씨도 아빠랑 같이 할아버지랑 트럭 타고 돌아다니면서 배추 장사 했었어. 그러더니 다른 것도 팔아보고 싶다면서 아예 농촌으로 가서 야채, 과일을 떼어오더라고. 살던 동네 바로 근처에 농수산 도매시장이 있었는데 왜 그렇게까지 하나 싶었지."

"그래서요?"

"아빠가 지금 하는 공장 시작할 때쯤에는 모아둔 돈으로 아예 밭을 사서는 직접 농사를 짓기 시작했어. 원래 팔던 흔한 농작물 말고 좀 희귀한 것들을 키우더니 호텔이나 고급 식당에 납품을 하더라고. 그쪽에서 나름 인정을 받았는지 거래처가 많아져서 그걸로 번 돈으로 밭하고 논을 더 사서는 사업을 키우고 그랬지. 그렇게 매일 비닐하우스에서 수십 년 일만 하다가 그 일대가 개발되는 바람에 보상받고 어쩔 수 없이 하던 농사 다 접은 거야."

"아, 그 아저씨도 일을 많이 하셨네요."

"많이 한 정도가 아니야. 나는 그래도 일요일에는 쉬기라도 했지. 그 친구는 일요일이고 뭐고 없었어. 거기서 그냥 살았어. 한 번은 태풍 왔을 때 비닐하우스 싹 다 날아가서 키운 것들 다 죽었을 때 울면서 전화하더라. 비닐하우스 다시 짓고 얼마 안 되어서는 디스크 수술을 받아서 몇 달 동안 병원 신세지기도 했고. 허구한 날 허리 수그리고 일해서 그렇게 된 거지."

"그랬구나……. 고생 진짜 많이 하셨네요."

"그런데 그 친구가 그렇게 큰 금액 보상받는다고 하니까 나도 기분이 이상하긴 이상하더라. 나도 만만치 않게 공장에서 고생했는데……."

금수저가 아니었다. 벼락부자도 아니었다. 졸부도 아니었다. 사기꾼도 아니었다. 그냥 평범한 사람이었다. 아니, 원래는 가난한 사람이었다. 중학생 때부터 새벽에 신문 배달을 마치고 우유 배달을 한 사람이었다.

나라고 그렇게 못 될 이유가 없다. 누가 꿈이 뭐냐고 물어보면 '생각해본 적 없다'라고 말하기 그래서 '과학자요'라고 대답하고 넘겼다.
'꿈이 뭐냐 목표가 뭐냐'라는 질문에 대한 대답은 한 번도 머릿속에 있던 적이 없다. 그나마 지금 목표는 취업인데 그 아저씨를 알고 나니 나도 목표가 생긴다.

60억 보상받기.
60억 보상받는 사람.
보상받는 사람을 멋있는 말로 뭐라고 할 수 있을까.
그냥 보상받을 사람으로 정했다.
어떻게 해야 보상받는지는 모른다.

하지만 이제 알아갈 것이다.

저들이 했다면 나도 할 수 있다.

아직은 방법을 잘 모르지만 찾을 것이다.

그리고 그 변화는 한 통의 합격 통지 문자에서부터 시작되었다.

축하합니다.

신입사원 채용에 최종 합격하셨습니다.

삶의 '가치'는 동등하지만 '질'은 다르다

1

첫 출근일이다.

요즘은 잘 늦지 않는다. 정신 없이 안절부절못하지도 않는다. 정신과 약을 열심히 먹은 덕이다. 처음에는 하루 빼먹으면 증상이 나타나고는 했다. 이제는 하루 정도 먹지 않아도 괜찮다. 그래도 매일매일 챙겨 먹으려고 노력한다.

지하철역으로 간다. 사람들이 많다.
지하철에서 뭐 하지.
한 시간은 걸릴 텐데.
가방에 있는 볼펜과 수첩을 꺼내 처음 출근하는 감정을 써본다.

회사에 도착해서 오리엔테이션을 한다.

혼자다. 동기고 뭐고 없다.

바쁘게 움직이는 사람들, 외국어를 유창하게 하는 사람들.

그냥 외국인들도 있다.

저들이 말 걸면 안 되는데.

돌아다니면서 인사하고, 안내를 받다 보니 하루가 금방

간다.

재즈바에 출근할 시간이 멀지 않았다. 칼퇴근을 하고 바

로 가야 제때 도착할 거 같다.

다행히 상사가 6시가 되자마자 퇴근하라고 한다. 나는 가

방을 챙겨 나온다.

앗, 그런데 퇴근하라고 한다고 가는 게 맞는 건가?

찍히는 거 아냐?

상사들이 퇴근하기 전까지 퇴근하지 말라고 들었는데.

에라, 모르겠다.

지하철에 간신히 타고 내리자마자 뛰어 정시에 재즈바에

도착한다.

휴, 다행이다.

나중에 회식이나 야근이라도 생기면 어쩌지.

취직했다고 사장님께 말씀을 드리니 손님이 제일 많이 오는 금, 토, 일만 나오라고 일정을 조정해주신다. 내가 꼭 필요하단다.

내가 누군가에게 필요한 존재라니, 얼떨떨하다.

이유를 물어본다. 많은 키보드 연주자들을 봐왔지만 건반 하나하나 정성을 다해 누르는 건 내가 처음이라고 한다.

그렇다. 나는 잘하지는 못해도 열심히는 한다.

머리가 나빠서 남들보다 두세 배로 공부했다.

아, 머리가 나쁘다기보다는 정신질환 때문이다.

운동신경이 나빠서 체육 수행평가도 남들보다 연습을 두세 배 했다.

잘나지 않아서 몸이 고생하는 것이다.

그렇게 몸을 고생시키니 누군가 알아준다.

나의 이런 무식한 방법이 통하다니.

신은 다 살 길을 마련해주시는구나.

감사합니다.

2

취업하고 처음으로 병원에 가는 날이다.

이제는 정신과 가는 게 아무렇지 않다. 편의점 가듯이 간다.

의사 선생님에게 내 명함을 드리려고 한다.

자랑하고 싶다. 선생님 덕분에 취업도 했다고 고맙다는 인사도 하고 싶다.

"안녕하세요, 선생님."

"안녕하세요."

"저 취업했어요."

내 이름 석 자가 반듯하게 적힌 명함을 드린다.

선생님은 명함 앞뒤를 몇 번이고 들여다보며 말한다.

"와, 정말 축하해요. 잘될 줄 알았어요."

"선생님 덕분이에요. 정말 고맙습니다."

"에이, 제가 뭐 한 게 있나요. 아버님께 감사하다고 하세요."

"제가 전에 말씀을 드렸나요? 저 재즈바에서 연주한다고."

"네."

"금, 토, 일요일에 하니까 혹시 회식하시거나 친구들과 술 한잔하고 싶을 때 들르세요. 선생님께 한 번 들려드리고 싶어요."

"네, 꼭 한 번 들를게요. 어때요? 약은 잘 맞나요?"

"네, 요즘은 시간도 잘 지키고 잘 안 잊어버려요. 조급한 것도 없고요."

"좋아요. 이 주일치 드릴게요. 다음 진료 때 뵐게요."

"네, 선생님. 감사합니다!"

나의 첫 직장 생활은 순탄하다. 사람들도 좋고, 회사 위치도 좋고, 다 좋다.

불만족스러운 게 딱 한 가지 있다. 본사는 독일이고, 여기는 한국법인인데 왠지 모르게 독일인들이 시키는 대로만 움직이는 것 같다.

한국법인 매출이 크게 늘었음에도 불구하고 인원은 그대로다. 한국법인 사장과 부사장 모두 독일인인데 한국 직원들이 너무 일방적으로 그들에게 굽실거리는 것 같다.

상사에게 그럴 수 있다는 점은 이해한다. 충분히 기분을 맞춰줄 수 있다. 그런데 과장 정도 되는 독일인 파견직이 부장인 우리 팀장보다 연봉이 훨씬 높다는 것은 이해할 수가 없다.

일도 한국인들보다 설렁설렁 한다. 출퇴근도 자유로워 보인다.

외국인이라 아무도 안 건드리는 것인지, 본사 사람이라 안 건드리는 것인지 모르겠다. 혹시 사장, 부사장과 어떤 관계가 있는 건가.

내 자리에서 멀찌감치 사장 자리가 보였는데 딱히 뭐 하는 건 없어 보였다. 독일인 과장도 업무와 관계없는 인터넷 서핑을 하다가 중간에 어디론가 사라졌다가 한참 후에 돌아오고는 했다.

그게 불편했다. 나랑 아무 상관없고, 나에게 아무 피해도 주지 않는 그들이 내 눈에 자꾸 거슬렸다.

팀장이 나에게 지시 하나를 내렸다. 나는 금융프로그램을 만드는 팀에 있었는데 고객용 이자와 내부용 이자를 구분하라는 것이다.

고객용 이자와 내부용 이자? 수식대로 계산을 해보니 내부용 이자는 18퍼센트, 고객용 이자는 8퍼센트로 무려 10퍼센트포인트 차이가 난다.

팀장에게 불법이 아니냐고 물어봤더니 아니라고 한다. 수식에 따른 결과 수치이므로 법적으로 문제될 것이 없다고 한다. 회계법인과 법무법인의 검토까지 마쳤다고 한다.
실제 이자는 18퍼센트인데 고객에게 8퍼센트로 숫자 장난을 하다니 이해할 수 없었다.

그토록 원했던 취업인데 벌써 이런 생각을 하다니.
그냥 자본주의일 뿐이야.
그냥 회사의 일일 뿐이야.
무슨 생각을 그리 많이 해? 신입사원이.
그냥 다녀야지. 겨우 취직했는데. 배부른 소리하고 자빠졌네.
쓸데없는 생각하지 마.
나는 고개를 절레절레 흔든다.

점심을 먹고 혼자서 도심 속 거리를 걷는다.
좀 걸어야 소화가 된다.

내 꿈이 뭐였더라.
아, 보상받는 것.

보상받으려면 뭘 해야 하지.

땅을 사야지.

아끼고 아껴서 돈 모으고, 무슨 땅 살지 알아봐야지.

그러려면 공부부터 해야겠구나.

아끼고 공부하는 것, 이 두 가지가 내가 할 일이구나.

의사 선생님이 말씀하시기를 ADHD 정신질환을 가진 사람들은 뭐 하나에 꽂히면 잘한다고 했다.

그렇다면 나도 잘할 수 있겠지.

공부를 하려면 어떻게 해야 하지?

서점을 가야겠지.

3

퇴근하고 바로 서점으로 들어선다.

부동산 코너에 가서 땅, 토지 글자가 들어간 책들을 모조리 빼낸다. 겉 표지 예쁜 것만 추려보니 여덟 권 정도다. 대충 계산해보니 10만 원이 넘는다.

비싼데…… 아끼기로 했는데……. 엄마가 책값은 아끼지

말라고 했는데…… 중고책을 알아볼까.

노트에 책 제목과 저자를 적는다.

다음 날 퇴근해서 중고서점으로 간다. 여덟 권 중에 다섯 권이 있다. 가격도 3분의 1 가격이다. 이 정도면 성공이다. 다섯 권을 다 산다. 벌써 부자가 된 느낌이다.

내가 책을 사는 날이 올 줄이야. 교과서 아니면 평생 책을 안 볼 줄 알았는데.

집에 가서 스탠드를 켜고 제일 얇은 책부터 펼쳐본다. 첫 페이지를 읽는다. 예전 같았으면 첫 문장 읽고 딴 생각을 했을 텐데 요즘에는 글을 쭉 읽을 수 있다.

어려운 용어들이 있다. 모르는 용어는 책상 위에 굴러다니던 포스트잇에 정리해서 벽에 붙인다.

오, 좀 있어 보이는데?

책 내용이 재미있다. 10쪽, 20쪽이 넘어간다. 예전 같았으면 핸드폰 보고, 주방을 들락날락하고, 텔레비전에서 뭐 하나 봤을 텐데 지금의 나는 다른 모습이다.

대견하다.

돈을 모으려면 어떻게 해야 할까.

첫째, 소득의 극대화.

둘째, 소비의 최소화.

셋째, 소득의 극대화와 소비의 최소화를 합한 것.

지금 나에겐 직장에서 일을 해서 대가로 받는 월급뿐이다. 그 외에 돈 버는 방법은 아직 모른다. 따라서 현재 내가 할 수 있는 최선은 소비의 최소화다.

이제 돈 아끼는 방법을 모색해본다. 점심값으로 최소 6,000원은 쓰게 되는데 3,000원으로 해결할 수 있는 방법이 없을까?

근처 김밥천국에 간다. 분명히 얼마 전만 해도 기본 김밥이 1,500원이었는데 2,000원으로 올랐다. 배를 채우기에는 2,000원짜리 한 줄로는 턱없이 부족하다. 두 줄을 먹으면 4,000원이다.

회사 근처에 한솥도시락이 있는지 검색해본다. 다행히 있다.

또 어디서 줄일 수 있지? 교통비를 아끼려면 자전거를 타고 다녀야 하나? 지하철로 한 시간인데 자전거로는 서너 시간은 걸리겠지. 그건 무리다.

다른 방법은 없을까. 오? 새벽에 일찍 타면 몇백 원 할인? 다음 날부터 새벽에 일찍 나가서 지하철을 탄다. 진짜 몇백 원 할인이 된다.

아침마다 파리바게뜨에 들러 빵 하나씩 사 들고 출근하던 루틴도 패스한다. 이제는 굶기로 한다.

점심시간이다. 팀장한테 오늘부터 혼자 먹겠다고 말한다. 외국계라 그런지 다들 각자 알아서 먹는 분위기다.

한솥도시락 매장으로 간다.

치킨마요 3,000원

참치마요 3,000원

오늘은 치킨마요를 먹자. 생각보다 양이 적다. 이걸 먹고 나면 오후 3시쯤 배가 고플 것 같다. 내일은 주문할 때 밥 좀 많이 달라고 해야겠다.

진짜 3시가 되니 배가 고프다. 정수기로 가서 종이컵에 차가운 물 반, 뜨거운 물 반을 섞는다. 연달아 세 컵을 마신다. 든든하다.

그런 생활을 몇 개월간 지속했다. 마요덮밥은 이제 맛으로 먹기보다는 배고파 죽지 않기 위해 먹는다. 재즈바의 알바 시급도 다른 알바보다 괜찮은 편이고, 회사 월급도 나쁘지 않았다.

책 다섯 권은 두 번씩 반복해서 읽어 내려갔다. 책을 읽으니 왠지 인생의 방향을 잡을 수 있을 것 같은 느낌이 들기 시작했다.

4

한국법인 사장이 다시 독일로 가는 날이다.

아침부터 분주하다. 팀장이 팀원들을 모아놓고 말한다.

"오늘 사장님 출국하시는 날입니다. 전부 공항에 가서 플래카드 들고 사진 찍을 거예요. 열 시쯤 출발합시다. 우리 팀에 차 가지고 온 사람 있나요? 나는 버스 타고 갈 거니까 공항에는 각자 알아서들 가세요."

여기서 인사하면 되지 무슨 공항까지 가서 인사를 해? 공항 가는 버스비가 무려 1만 원이 넘는데!

10시가 되자 직원들 수십 명이 우르르 버스에 오른다. 공항에 도착하니 비서가 어느 위치에 어떻게 줄을 서라고 일일이 정해준다. 그리고 큰 하드보드지를 나눠준다.

하드보드지에는 알파벳이 하나씩 쓰여 있다. 옆에 사람들이 무슨 알파벳을 들었나 쭉 보니 독일어다. 무슨 뜻인지 모르겠지만 느낌상 "회사를 이끌어줘서 고맙습니다." "승진을 축하합니다." 이런 뜻일 것 같다.

비서는 대포 같은 카메라를 들고 우리 앞에 선다. 웃으라고 한다. 독일로 돌아갈 사장은 가운데 맨 앞에 앉아 있고, 한국인들은 들러리를 서고 있다.
저 독일인의 눈에 우리 한국인들이 어떻게 보일까. 인간으로서 동료로서 부하 직원으로서 약간의 정은 있었을까.

모든 직원이 사진을 찍고 난 후에 독일인들끼리 모여 따로 사진을 찍는다고 한다. 한국인들은 사진에 나오지 않게 옆으로 빠진다.

사진을 다 찍고 나자 비서는 탑승 수속 게이트 앞에 일렬
로 서라고 한다.

독일인 사장은 한 손에는 여권과 티켓을, 한 손에는 서류
가방을 들고 들어간다. 우리는 그가 눈에 보이지 않을 때
까지 박수를 친다.

5

독일 사장의 환송 행사를 계기로 회사에 정이 살짝 떨어졌다.

회사에서는 내부용 이자와 고객용 이자를 철저히 구분하
고, 나는 그 이자를 계산하고 공지하는 업무를 계속한다.
고객들에게 계속 사기를 친다는 느낌은 지워지지 않는다.
피로감은 점점 쌓여간다.

그렇게 6개월쯤 지났을까. 오늘 점심도 한솥에서 마요덮밥
을 시킨다. 하루는 치킨마요, 또 하루는 참치마요. 물린다.
하지만 아침을 굶기 때문에 배가 고파서 막상 먹으면 또
들어간다. 어제 저녁을 조금 먹고 잤기도 했고, 아침도 역
시 안 먹기도 했고.

내 얼굴을 아는 아주머니에게 "밥 좀 더 주실 수 있어요?"
라고 물어본다. 아주머니는 대답하지 않았지만 그 이후로
평소보다 서너 숟가락 정도 밥을 더 얹어주신다.

어느 날은 두 명이 앉기에는 좁은 자리에 어떤 여자가 먹
고 있다. 나는 벽에 최대한 붙어서 여자의 오른팔에 부딪
히지 않으려고 몸을 비스듬하게 꺾고 앉는다.
내가 앉자 얼마 되지 않아 일어난다. 그녀는 고기세트 도
시락과 라면을 먹었는데 고기반찬과 컵라면의 면이 꽤나
남아 있다. 그녀는 쟁반 통째 계산대 옆에 놓고 나간다.

아주머니는 주방에서 뚝딱뚝딱 조리를 하고 있다. 본능적
으로 나는 그 쟁반을 다시 내 옆으로 가지고 온다. 반찬들
을 내 마요덮밥 위에 올려놓는다. 라면도 내 쟁반 위에 놓
는다. 다시 그녀의 쟁반을 계산대 옆에 놓는다. 순식간이
다. 갑자기 나의 식사가 풍성해졌다. 컵라면 면발도 아직
탱글탱글하게 살아있다.
배고픈 사람에게 자존심은 그저 사치이다.

그렇게 행복한 식사를 하는 도중 갑자기 회사를 그만둬야

겠다는 생각이 든다. 고객들에게 사기를 치고 있다는 느낌이 지워지지 않는다.

집에 가서 취업사이트를 뒤진다. 직장을 다니면서 취업사이트를 보는 기분은 취업준비생 때의 기분과는 완전히 다르다. 취업한 자의 여유와 약간의 거만함이 있다.
나는 어차피 불합격 인생이다. 떨어져도 본전이다. 국내 대기업들만 골라 이력서를 넣는다.

두 군데 최종 합격을 한다. 연봉이니 복지니 회사 규모니 그런 거 말고 집과 지하철 한 정거장이라도 가까운 곳을 선택한다. 1년 다녀보니 직장은 집과 가까운 게 최고다. 책에서 본 '직주근접'이라는 단어가 이해가 간다.

회사에 퇴사 통보를 한다. 인사팀장과 퇴사 인터뷰를 한다. 내가 나가는 것을 아쉬워한다. 아쉬운 척하는 건지, 진짜 아쉬운 건지 모르겠다.
마지막이니만큼 궁금한 점을 물어보기로 했다.

"저보다 더 좋은 학교 나오고 스펙 좋은 사람 많았을 텐데 왜 저를 뽑으셨어요?"

"그게 궁금했어요? 학점은 나쁘지 않았던 것 같고…… 사실 사람들 생각처럼 외국계가 영어 점수를 많이 보진 않아요. 단순히 스펙 높은 지원자를 원하지 않는다는 얘기지요. 면접에서 훈련된 대답을 하는 사람보다는 우리 회사 문화와 맞는 사람을 원해요."

"제가 좀 달랐나요?"

"그럼요. 그러니까 지금도 기억하죠. 자기소개서를 정말 신선하게 쓰셨던데요? 거기다 면접 때 남자 지원자들은 하나같이 파란색 넥타이였는데 혼자 핑크색 넥타이를 매고 오셨죠. 어쩌나 눈에 띄던지…… 하하."

나는 다른 친구들처럼 취업스터디 모임 같은 것을 하지 않았다. 자기소개와 지원동기는 그냥 내 마음대로 썼다. 그런 어리숙함과 솔직함이 먹혔던 것이다.

1년 동안 월급 통장에 매달 200만 원 약간 넘게 들어왔다. 1년간 절약하고 모은 돈은 2천만 원. 대략 2천 500만 원을 받았고, 500만 원을 쓴 셈이다.

가장 돈이 많이 들었던 것은 밥값, 책값, 교통비, 통신비

순이다. 그래도 책값이 2위에 있다는 게 나름 공부를 했다는 증거다. 집에는 꽤 많은 재테크, 부동산, 자기계발, 경제 책들이 모였다.

6

돈을 벌고 싶다.

새로 취직한 국내 대기업은 전에 다녔던 외국계보다 연봉이 조금 더 높다. 더 바짝 절약해서 더 많이 모아 보상받을 수 있는 땅을 살 것이다. 보상을 많이 받아서 해외여행도 가고, 내가 폐차시킨 아버지 차도 사드리고, 경운기 소리 나는 우리 집 냉장고도 바꿀 것이다.

내가 돈을 많이 벌고 싶은 진짜 이유는 세 가지다.

첫 번째.
어머니와 말도 못하게 허름한 동네를 지날 때였다. 어머니는 "네가 기억은 못하겠지만 여기가 예전에 우리가 살던 동네 중 하나야"라고 말씀하셨다.

내가 저기서 살았다고?

다 쓰러져가는 집들 수십 채, 수백 채가 빽빽하게 붙어 있었다. 기억 속에 있는 옛집들보다 더 가난한 동네였다. 지금 살라고 하면 절대 못 살 곳이었다. 하지만 지금이라도 돈이 없어지면 다시 가서 살아야 할 곳이다. 저 쓰러져가는 집에 다시 들어가지 않기 위해서라도 돈을 벌어야 한다.

두 번째.

어머니는 내 고등학교 졸업 기념으로 가족 첫 해외여행을 준비하고 있었다. 어머니는 아끼고 아껴 500만 원이라는 돈을 모으셨다.

아버지의 사업은 규모가 커져 직원 수도 많아졌지만 계속되는 설비투자와 직원복지 확대, 막대한 접대 비용, 거래처의 부도 등으로 막상 집에 가지고 오는 돈은 얼마 되지 않았다. 어머니는 수년간 그런 돈을 어렵게 모으고 모아 500만 원을 마련했다.

그러던 어느 날 할아버지가 어머니에게 전화를 하셨다. 타던 오토바이가 고장이 났다며 새것을 사달라는 얘기였다.

어머니는 아버지에게 별 얘기 없이 200만 원이 든 봉투를 할아버지에게 가져다드렸다. 아버지가 알았다면 어떻게든 수리를 하거나, 아버지의 부족한 용돈을 털어서라도 돈을 드렸을 거라 생각하셨기 때문이다.

그런데 다음 날 할아버지에게서 다시 전화가 왔다. 200만 원이 든 봉투를 잃어버렸다는 것이다. 이 말은 즉 돈을 잃어버렸으니 200만 원을 또 달라는 뜻이었다.

혹시나 할아버지가 그 봉투를 어디 서랍에 두고 잊어버린 건 아닌가 싶어 나와 엄마는 바로 할아버지 댁으로 달려갔다. 문이 열려 있어 대문 안으로 들어서려는데 할머니와 할아버지가 싸우는 소리가 들렸다. 할머니는 할아버지가 돈을 잃어버린 게 아니라 숨긴 거 아니냐며 두 분은 한참을 다투고 있었다.

어머니와 나는 한동안 대문 밖에서 조용히 싸움이 가라앉길 기다렸다. 그러고는 이제 막 도착한 척, 밝은 목소리로 인사하며 200만 원이 들어 있는 봉투를 드리고 돌아왔다.

그렇게 우리 가족 여행 경비는 500만 원에서 100만 원으로 줄었다. 외국여행은 물 건너갔고, 해외 대신 강릉으로 3박4일의 여행을 떠났다.

돈 때문에 할아버지와 할머니는 싸우셨고, 돈 때문에 우리 가족은 손꼽아 기다리던 첫 해외 여행을 가지 못했다.

세 번째.
만일 내 친구가 토지보상을 받았다는 소식을 듣는다면, 그 금액이 20년 넘게 번 돈과 비교할 수 없이 큰 금액이라면, 내 마음은 괜찮을까.

아버지는 사업을 하고 계셨지만 근로자와 똑같이 공장에서 일을 하신다. 사장이지만 소득도 직원과 별반 다르지 않다. 일감이 많아서 수익이 나더라도 일감이 없는 기간의 적자를 메워야 했기에 결국엔 남는 게 별로 없다고 했다.

60억 보상을 받은 아버지의 친구는 거의 매일 골프를 치러 다닌다고 한다. 두 자녀를 미국으로 유학 보내고, 가끔 미국으로 자식들을 보러 간다고 한다.
반면 아버지는 매일 손에 기름 때를 묻히고 퇴근하신다.

공장 점퍼는 먼지와 기름으로 뒤덮여 웬만한 세탁세제로
는 잘 빨리지도 않는다.

아버지 친구의 차 트렁크에는 골프채와 쇼핑백이 있다.
아버지의 차 트렁크에는 제품 샘플과 공구, 헬멧, 작업화
들이 있고 바닥 매트에는 모래와 흙들이 묻어 있다.

두 분의 삶 자체는 동등한 가치를 갖지만, 삶의 질은 다르다.
처음에는 직업 때문인 줄 알았는데 아니다. 결국 돈 때문
이다.
이것이 내가 돈을 많이 벌어야겠다고 생각하는 세 번째
이유다.

내가 유명 운동선수나 연예인이 되지 않는 한 그런 큰돈
을 절대 만질 수 없을 것 같았다. 그렇다고 사업을 할 용기
도 없었고 사업을 할 머리도 없었다. 공부처럼 혼자 할 수
있는 게 나와는 더 잘 맞기도 했다. 그래서 나는 아버지
사업을 물려받거나 다른 장사를 하지 않고, 아버지 친구
의 길을 가기로 했다.

그때는 자본소득과 노동소득이라는 개념을 잘 몰랐다. 그저 땅 부자와 사업가 또는 근로자라는 개념만 알았다. 책 50여 권을 읽고 난 후에야 자본소득에 대한 개념을 조금씩 이해하기 시작했다.

가난하게 살았음에도 아버지는 나라 탓, 사회 탓, 부모 탓을 하지 않았다. 그 때문인지 나도 누구 탓을 하지 않으려 한다.

서점에 가면 남들은 해외여행 준비로 여행책자를 본다. 그들이 어느 나라, 어느 도시에 관련된 책을 보는지 살펴보기도 한다.

그들이 부럽기도 하지만, 내 돈을 훔쳐간 것도 아니고, 이 사회가 나를 일부러 가난하게 만든 것도 아니다. 그저 내 상황이 이런 것뿐이다. 그것을 인정하고, 내가 이 상황에서 벗어나려고 공부하고 실천할 뿐이다.

변명만 늘어놓고, 불평만 늘어놓고, 불만만 늘어놓는 것은 어느 누구에게도 도움이 되지 않는다.

돈이 인생의 대부분을 일만 하다가 끝나게 만든다.
돈 때문에 아쉬운 소리를 해야 한다.

돈 때문에 배가 고파야 한다.

돈 때문에 추위에 떨어야 한다.

그 돈으로부터 자유로워지고 싶었다.

돼지고기가 들어 있는 땅

1

새로운 회사에 다닌다.

부모님은 자랑스러워하신다. 외국계 회사보다는 국내 대기업에 더 만족해하시는 눈치다. 효도했다는 기분이 든다.

내 동기는 대략 100명이다. 120명이 최종 합격했는데 20명은 다른 회사를 선택했다고 한다.

여기는 사내식당도 있다. 나가서 사 먹지 않아도 된다. 돈을 아끼기 위해 노력한 부분 중 하나가 식비를 줄이는 것이었는데, 돌이켜보면 노력보다는 희생에 가까웠다. 내가 선택한 것이라 스스로 노력이라고 미화했을 뿐이다.

돈을 아끼면 통장 잔고만 성장할 줄 알았는데 나도 성장했음을 느낀다. 정확히 말해서 나의 '독함'이 성장했다.

나랑 같은 층에서 일하게 된 동기는 열 명 정도. 우리는 꽤 친하다. 다 같이 모여 탕비실에서 취업 준비하던 시절 이야기도 하고, 각자 팀 분위기 이야기도 하고, 처음 부여받은 업무 이야기도 한다.

동기가 있다는 게 이렇게 좋을 줄이야.
예전 회사에서는 혼자 말하고 혼자 대답했는데 지금은 상대방에게 말하고 상대방이 대답을 해준다. 다양한 의견들이 있기에 나의 좁디좁은 사고를 넓혀준다.

좋다. 이직하기를 잘했다. 누구는 예전에 다니던 외국계 회사가 더 좋은데 왜 이직했냐고 하지만 나는 이 회사가 더 좋다.

아버지와 어머니께 명함을 열 장씩 드린다. 뿌듯한 미소를 지으시며 나를 대견하다는 듯 바라보신다.
명함 한 장을 식탁 유리 아래에 끼워두신다.
아버지 지갑에도 하나 끼워두신다.
어머니 화장대 거울 아래에도 하나 끼워두신다.

2

병원에 가는 날이다.

1년 넘게 매주 가다 보니 선생님과도 꽤 친해진 것 같다. 의사 선생님에게도 새로 취업한 회사의 명함을 드린다. 여기 아는 회사라며 축하한다고 말씀하신다. 자기 후배가 재즈를 좋아한다며 조만간 재즈바에 한 번 가겠다고 한다. 말만이라도 고맙다.

몇 개월이 지났다. 동기들끼리는 더 돈독해졌다. 나만 빼고. 동기들끼리는 회사 업무가 끝나고 술도 마시고, 주말에 만나서 놀러가기도 한다.

나는 술 마시는 데 돈을 쓸 금전적 여유가 없다. 주말에 놀러 갈 금전적, 시간적 여유가 없다. 동기들이 처음 몇 번은 같이 가자고 물어봐주었다. 지금은 물어보지 않는다. 공통 관심사가 줄어든다. 외톨이가 된 느낌이지만 어쩔 수 없다. 나는 혼자 지내는 것에 익숙하다.

오늘은 동기들이 주말에 1박 2일로 계곡에 놀러가자고 해서 잠깐 고민을 하지만 그럴 수 없다. 내가 몇 군데 찾아놓은 땅을 보러 가야 한다.

토요일 아침부터 오후까지는 땅을 보러 다니고, 저녁부터는 재즈바에 간다. 재즈바에서 새벽까지 일하고 집에서 기절하듯이 잠들지만, 아침 7시에 일어나 책을 펴고 공부를 한다.

지금의 나에게 업무 시간은 종잣돈을 모으기 위한 시간이고, 여가 시간은 종잣돈을 불리기 위한 시간이다.

월요일부터 금요일까지 출퇴근 시간, 점심시간, 퇴근 후 집에서는 항상 책만 읽는다. 회사 책상에도 책들이 제법 쌓여 있다.

누가 보면 책 보러 회사 다니는 줄 알겠다. 다른 사람들 책상에는 리더십, 조직생활, 엑셀강좌 같은 책이 있다. 내 책상에는 부동산, 토지, 부자, 돈, 성공과 관련한 책이 있다. 책 제목이 안 보이도록 책등을 뒤쪽으로 돌려놓는다.

주변 사람들은 나에게 위로인지 동정인지를 하기 시작한다. 왜 그렇게 힘들게 사냐고, 그렇게 살아서 뭐 하냐고. 처음에는 나를 배려하는 것인 줄 알았다. 알고 보니 질투와 불안함이었다. 다 함께 월급쟁이로 쭉 살아야 하는데 내가 자기들보다 성공하고 돈 많이 벌면 어떡하냐는. 그런 주변의 시샘은 더 열심히 하라는 응원이다. 그들의 질투 섞인 눈빛들이 나에게 더 힘을 준다.

내가 아무리 정신질환자여도 자기들이 뭔데 나의 가능성을 짓밟으려는 건지. 지금의 나는 대서양 한가운데에 던져진 꽃게보다 못한 꽃게랑이지만 언젠가 한 마리의 돌고래가 되어 마음껏 바다를 횡단하겠다고 다짐한다.

3

주말마다 본격적으로 땅을 보러 다닌다.

힘들지만 꼭 필요한 일이다. 아파트, 상가, 토지 전문가들이 공통적으로 하는 말이 있다.

현장에 답이 있다.

현장을 가지 않으면 답을 찾기 어렵다는 뜻이다. 내가 순간이동을 할 수 있는 것도 아니고, 축지법을 쓸 수 있는 것도 아니라서 현실적으로 갈 수 있는 거리로 제한한다. 그리고 여기에 내 상황에 맞는 원칙을 하나 더 추가한다.

대중교통을 적절히 이용해서 갈 수 있는 곳.

지금 살고 있는 경기도. 경기도 안에 있는 서울.
이 두 곳이 나의 타깃이다.

서울의 토지 시세를 검색한다. 터무니없다. 너무 비싸다.
남은 땅도 별로 없다. 서울에 인접하여 경계에 있는 경기
도 또한 너무 비싸다. 나의 자금으로 가능한 곳은 경기도
외곽이다. 서울을 타깃에서 뺀다.

경기도 외곽만 선택하고 집중적으로 본다. 경기도 내에서
개발이 아직 덜 되었지만 가능성이 있는 지역을 추려본다.
그 중에서도 시세가 가장 낮은 쪽에 속하는 개발되지 않
은 토지 위주로 본다.
네이버와 다음 지도를 번갈아 가며 위성지도를 확인한다. 위
성지도로만 봐도 경기도의 미개발지가 얼마 남지 않았다.
신도시 건설 계획이 잡혀 있거나, 그렇지 않은 곳은 개발
제한구역 즉, 그린벨트로 묶여 있다.

책에서 얻은 지식과 상상력을 동원하여 골라놓은 현장을 간다. 막상 가니 바람에 산들거리는 벼만 보인다. 아니면 비료 냄새와 진흙 바닥뿐이다.

손에 들린 등기부등본과 토지대장. 저 앞에 휑하게 보이는 땅.

현장에 답이 있다고 하는데 주관식인지 객관식인지조차 모르겠다. 근처에 집이나 비닐하우스조차 없는 곳을 바라보며 앞으로 걷는다. 돌뿌리에 걸려 발을 헛디딘다. 민첩한 순발력인지 운동신경인지 철퍼덕 넘어지지는 않고, 손으로 땅을 겨우 짚는다.

손을 털고 일어난다. 방금 여기는 분명 경기도 어딘가였는데 정신을 차려보니 가본 적도 없는 사하라 사막이 눈앞에 펼쳐져 있는 것 같다.

왜 답이 안 보일까. 내가 너무 서두르는 건가. 수학문제조차도 풀려면 이렇게도 접근해보고 저렇게도 접근해봐야 하는데 너무 한 번에 답을 찾으려고 한 걸까.

누군가 정답을 알려줬으면 좋겠다. 아니, 알려주지는 않아도 힌트라도 줬으면 좋겠다.

마라톤에 관한 이론을 빠삭하게 외웠지만 그동안 습득한 이론 따위는 적용할 새도 없이 몇백 미터 뛰다가 금세 지쳐버리는 마라톤 초보자 같다. 방구석에서 이론으로 공부하는 것과 실전에서의 임장에는 엄청난 차이가 있다.

그래도 성과가 아예 없는 것은 아니다. 지도에서는 평지처럼 보이는데 실제로는 안쪽으로 푹 들어가 있거나, 경사가 있거나, 불법건축물이 있는 경우가 있다. 주변에 송전탑이나 묘지, 축사가 있는 경우도 있다.

특히 송전탑은 주민들이 왜 목숨 걸고 반대하는지 이유를 알 것 같다. 축사는 다른 곳으로 옮길 가능성이라도 있지만, 송전탑은 한 번 세워지면 갑자기 목성이 궤도를 이탈해서 지구와 충돌해 세상이 산산조각 나기 전까지는 그 자리 그대로에 있다. 집단이기주의니 뭐니 그런 단순한 문제가 아닌 것 같다.

4

토요일 저녁 공연이 끝나고 일요일 새벽 2시에 집에 들어왔다.

씻고 눕는다. 자려고 하는데 귀에서 드럼 소리와 키보드 소리가 들린다. 스피커 옆에 몇 시간 동안 있어서 그런지 아직도 연주를 하는 것 같다. 그러다가 잠이 든다.

눈을 감자마자 알람 소리가 들린다.

아, 일어날까 말까. 일요일인데. 누구와 약속이 있는 것도 아닌데 수백 가지 핑계를 순식간에 만들어낸다.

모르겠다. 조금 더 자야겠다.

얼마나 잤을까. 깨어보니 오후 12시다. 해가 중천에 떠 있다.

꾸역꾸역 옷을 챙겨 입고 예정된 매물을 보러 간다. 목적지에 도착해 한 시간을 넘게 걷다 보니 목 뒤가 따갑다. 머리는 용광로처럼 지글지글 끓는다. 티셔츠는 염전이다. 겨드랑이의 워터파크는 이미 개장했다.

더위에 지쳐 걸음걸이가 느려진다. 만사가 귀찮아진다. 알람에 맞춰 일어나 아침 일찍 왔더라면 이렇게 덥지 않았을 텐데, 이렇게 귀찮아지지도 않았을 텐데 후회가 된다.

왜 그때 나에게 자도 된다고 했을까.

나는 또 도망치는 놈이 된 건가.

절실함이라는 게 있는 걸까.

목표도 정했고, 공부도 하고 있고, 최선을 다하고 있는 거 같은데…… 아니, 최선? 최선을 다하고 있긴 한 걸까?

최선을 다한다? 이 모호한 말의 뜻은 뭐지? 여태까지 내가 해왔던 '이 정도면 됐다'라고 하는 태도. 이게 과연 최선일까?

김연아 선수와 이상화 선수가 젊음을 바쳐 얼음판 위에서 온몸을 혹사시킨 것만큼 내가 최선을 다하고 있는 걸까?

지금 내가 흘리는 땀은 그저 여름의 더위에 흘리는 땀이다. 그동안 남들이 쉬는 날 물건 몇 개 보고 몸이 피곤해진 것에 최선을 다했다고 생각한 것 같다. 아마도 최선을 다한다는 기준이 없었던 것 같다.

게임처럼 레벨이 올라가고, 시험처럼 점수가 나오는 것도 아니다. 평가할 수 있는 기준을 만들어야겠다.

진짜 힘들어서 흘리는 마지막 땀 한 방울까지 쥐어짜내고,

쓸 수 있는 에너지를 몽땅 써버리고, 오늘이 끝나면 정신과 육체가 탈탈 털려 집에 돌아갈 기운조차 없는 수준이 되어야 진짜 노력을 다한 것으로 하자.

집에 돌아갈 힘이 남아 있다면 그날은 최선을 다한 게 아니다. 택시가 아니면 집에 갈 방법이 없을 정도가 되어야 최선을 다했고 노력을 한 것이다. 이것이 앞으로 나의 평가기준이다.

그렇게 집에 도착하면서 나는 생각한다.
나는 오늘 꽤 괜찮은 놈이었다고.

5

책을 읽어보고 혼자서 임장을 다니며 독학을 했다.
그렇게 몇 달이 지났다. 시간은 참 배려 없이 흘러간다. 혼자서 공부하는 데에도 한계가 있다. 시간을 아끼고 싶다는 생각이 들었다.

어느 책에서 부동산 사장님의 지식을 내 것으로 만들라는 말이 있었는데 실천은 하지 못했다. 가끔 부동산중개소를 갔지만 보고 싶은 땅을 그저 내 주관적으로 평가한 적이 대부분이었다.

땅값이 계속 오르고 있는 이 시점에서 부동산 사장님이라는 지식인을 만나야겠다. 내 주관적 평가가 아닌, 전문가의 관점이 필요하다.

땅을 보러 가기 전 근처 부동산중개소 몇 군데에 전화해두고 주말에 여는지 물어본다. 여는 곳을 골라 약속을 잡고 간다. 아파트 주변에 있는 부동산과는 분위기가 다르다.

부동산 문을 연다. 문에 매달려 있는 종이 딸랑딸랑 소리를 낸다. 꽤 높은 음이다. 피아노 건반의 맨 오른쪽에서 세 번째 정도 음이다.

간판도, 테이블도, 소파도 모두 낡았다. 정수기 물은 왠지 수돗물인 것 같다. 사장님은 안에서 담배를 피셨나 보다. 냄새가 절어 있다.

"안녕하세요."

"무슨 일이세요?"

손님이 들어왔는데 무슨 일이냐니.

"땅 보러 왔습니다."

"아이고, 젊은 양반이 무슨 땅?"

"네, 땅 좀 보고 있는데요. 근처 좀 알아보러 왔습니다. 매물이 있는지도 궁금하고요."

"이쪽 주변은 다 그린벨트인데, 알고 왔어요?"

"네, 보상받을 만한 땅을 찾고 있어요."

"보상? 어느 세월에? 그린벨트 풀리려면 총각 손주가 태어날 때나 가능할걸요?"

"네? 아…… 네……."

"그리고 요즘 깐깐해져서 보상도 막 안 해줘요. 공시가랑 시세랑 계산해서 하는데 시세보다 못 받는 경우도 많아요. 그래서 요즘은 보상받는 거 안 좋아해요, 여기 땅 주인들은."

내 꿈이 보상받는 거였는데 땅 주인들은 보상받는 거 안 좋아한다니…… 이게 무슨 말인가.

"그린벨트 풀린다, 개발한다 뭐 어쩐다 이런 말 나오면 땅값 오르고 땅 사겠다는 사람들 많아지면 그때 비싸게 팔지. 좀 아는 사람들은."

"땅을 사는 사람이 많나요?"

"그럼 많지요. 그러니까 내가 30년째 여기서 먹고 살고 있죠."

"네…… 꼭 보상을 받지 않아도 시세차익을 거두라는 말씀이시네요."

"맞아요. 좋은 땅은 서로 사겠다고 난리예요."

그래, 꼭 보상만이 답이 아니다.

물건을 싸게 사서 마진을 붙여 팔 듯 땅도 그렇게 하면 된다.

"그런데 땅도 시세가 빠지고 그러나요?"

"아파트는 그럴 수 있어도 땅은 그렇게 확 빠지지는 않아요. 그렇지만 아무래도 땅은 팔기가 아파트보다는 어렵지요. 찾는 사람이 그보다는 적으니까. 땅은 부동산에서도 고수의 영역이에요. 땅에 한 번 맛 들리면 아파트, 상가 이런 거 안 해요. 총각은 땅 보는 거 처음인가 보네."

"보러 다니기만 했지 아직 한 번도 사본 적이 없어요."

"매물 지금 나온 것 중에는 괜찮은 거 없고, 하나 나오면 연락할 테니 연락처 주고 가요."

짧은 순간, 짧은 대화였는데 책에 없는 많은 것을 배웠다. 부동산 바로 앞에는 벤츠 S클래스가 세워져 있다. 주변에 아무것도 없는 이 휑한 곳에 고급차라니. 저 사장님 차가 틀림없다. 저렇게 한가해 보이지만 겉모습으로 평가하면 안 된다.

나는 알고 있다. 부동산 사장님들은 연락처만 남기고 가면 절대 연락을 안 준다는 것을.
다른 부동산에도 들어가본다. 처음에 만났던 사장님과는 다르다. 엉뚱하게 주변 아파트를 소개하거나 나 같은 초보자가 봐도 이상한 땅 매물을 소개한다. 별로다. 이 사장님들한테는 내 핸드폰 끝자리 마지막 한 자리를 다르게 알려주고 나온다.

처음 갔던 부동산에 다시 가야겠다. 다음 주에는 점심시간에 맞춰 짜장면 미리 주문해놓고 가야지. 같이 식사라도 하면서 그분의 지식을 내 것으로 만들어야겠다고 다짐한다.

돼지고기가 들어 있는 땅

6

집으로 돌아오는 길에 많은 생각을 한다.

인생을 살아가면서 고수를 만날 필요가 있다. 앞으로 고수들을 찾아 지식을 더 깊고 넓게 키워야겠다고 마음먹는다.

집에 도착해 서둘러 양복으로 갈아입는다. 재즈바에 온 손님들, 내 음악을 듣는 관객들에 대한 최소한의 예의는 이 양복에서 시작한다.

피아노 연습량이 줄긴 했지만 새로운 곡을 받을 때는 완벽히 소화할 수 있도록 연습을 한다. 머리 나쁘고, 센스 없는 내가 잘하는 것은 노력, 노력, 노력뿐이다.

남들만큼 하려면 두 배는 더 노력해야 한다.

우리 밴드는 내가 처음 시작한 멤버 그대로다. 다들 각자 직업이 있고, 이 일을 즐긴다. 이제 합이 잘 맞아서 진짜 밴드 같은 느낌이 난다.

두 번째 연주가 끝나고 잠깐 숨을 고른다. 손님이 얼마나

왔나 둘러본다. 익숙한 얼굴이 있다.

아, 의사 선생님이 오셨다!

일행도 있다. 그때 재즈 좋아한다는 후배라는 사람인가.

선생님과 눈이 마주쳤다. 선생님이 손을 흔든다. 나는 웃으며 고개를 끄덕인다.

그런데 옆에 빛이 나는 분은 대체 누구신지.

선생님은 잘 안 보이고 그 옆에 있는 후배만 보인다.

느낌이 온다.

어둡고 멀리 있지만 저 사람만 환하게 보인다.

세 번째, 네 번째 곡이 끝나고 쉬는 시간이다.

나는 다른 손님들 눈에 띄지 않게 조용히 의사 선생님과 그녀가 있는 곳으로 간다.

"선생님, 와주셔서 감사합니다."

"공연 너무 좋았어요. 잘 들었어요."

"아, 감사합니다."

"여기 제 후배예요. 인사해요."

가까이서 보니 그녀의 똘망한 눈망울에 빨려 들어갈 것만 같다. 나를 빤히 쳐다보는데 심장이 터질 것 같다.

화장기 없는 얼굴. 수줍은 듯한 미소. 동그랗고 맑은 입술.

"안녕하세요. 연주 너무 좋아요. 자주 올게요."

선생님이 말씀하신다.

"이 친구는 지금 레지던트 하고 있어요. 저랑 같은 정신과예요. 아, 오빠네. 스물 아홉인가요?"

"네, 올해 스물 아홉입니다."

"오빠, 동생해요. 이러면서 친구 사귀는 거지."

의사랑 나랑 오빠 동생하라고? 내가?

저렇게 고공 비행하는 사람이랑 나처럼 저공 비행하는 놈이랑?

나와는 다른 상공에 있는 사람이다.

저 후배라는 사람이 비웃을 것만 같다.

한 차례 공연을 더 보고는 다음 쉬는 시간에 선생님과 그녀는 나에게 인사를 하고 돌아갔다.

그날 밤 피곤해서 쓰러져 자야 하는데, 그녀의 표정과 눈빛이 내 눈 바로 앞에서 왔다 갔다 한다.

내가 지금 누구를 좋아할 땐가. 얼굴만 보고 사랑에 빠지는 그런 가벼운 놈인가. 사람 성품도 모르고 좋아하는 그런 놈인가.

그런데 그녀는 다른 사람과는 다르다.

그저 스쳐 지나가는 그런 느낌이 아니다.

그래, 어차피 연락처도 모르고, 나랑 사귈 가능성은 전혀 없는데, 깊이 생각하지 말자.

누군가로 인해 이렇게 설렘을 느끼다니.

부동산 공부와 회사 업무로 빡빡한 일상 속에 활력이 생긴다.

7

일주일이 지나고, 지난 주에 갔던 부동산중개소에 다시 간다.

짜장면을 대접할까 했는데 그건 좀 오버인 것 같아서 빵과 음료수를 사서 간다. 오늘도 부동산 앞에는 세차한 지한참은 되어 보이는 벤츠 S클래스가 서 있다.

사장님은 슬리퍼 차림에 후줄근한 셔츠를 입고 텔레비전을 보고 있다. 셔츠 단추 세 개 중에 가운데 것 하나만 채워져 있다. 맨 아래 것도 아닌 중간 단추만 채워져 있는 이유가 궁금하다.

"안녕하세요."
"어? 지난 주에 왔던 총각이네."
두 번째 보는 건데 말을 바로 놓으신다.

"네, 기억하시네요."
"그럼, 그럼. 여기는 총각처럼 젊은 사람들 거의 안 와. 당연히 기억하지. 일주일밖에 안 됐는데. 뭐 때문에 왔어?"
"좋은 땅 하나 꼭 사고 싶습니다."
"하하하하. 밥 먹었나?"
"아, 아니요. 사장님이랑 빵 같이 먹으려고요."
"나 빵 안 먹어. 소화 안 돼서. 밥 먹으려던 참인데 같이 시켜서 먹자고."

테이블에 있는 명함을 흘긋 보니 박 씨다. 박 사장님은 김치찌개 2인분을 시킨다. 테이블 위에 어제 날짜의 신문을 펼친다. 밥이 도착하고 두 사람은 먹기 시작한다. 박 사장님이 말씀하신다.

"땅은 어려워."
"네……."
"내가 이 집 김치찌개를 왜 좋아하는 줄 알아?"
"왜요?"
"언뜻 보기에는 다 같은 김치찌개 같잖아. 그런데 여기는 달라."

박 사장님이 숟가락을 깊이 집어넣더니 무언가를 푹 떠서 든다.
"자, 봐. 돼지고기. 여기는 돼지고기가 밑에 잔뜩 깔려 있어. 김치만 끓인 김치찌개와 돼지고기를 넣고 끓인 김치찌개는 맛이 완전 다르지. 먹어봐."
나는 숟가락으로 국물을 살짝 떠서 먹는다.

와, 이 국물!
진짜 깊은 맛이 난다. 숟가락으로 찌개 바닥을 헤집어본다. 이 두툼한 고기! 여기는 국물 반 고기 반이다. 이번에는 김치와 돼지고기, 밥을 한 번에 먹는다. 세 가지 맛의 삼위일체가 무엇인지 보여준다. 맛에 빈틈이 없다.

박 사장님이 만족스러운 표정으로 묻는다.
"어때? 맛있지?"
"네, 엄청 맛있어요."
"땅도 언뜻 보기에는 다 똑같아 보여. 저기 있는 논들 좀 봐. 전부 똑같이 생겼어. 다 논이고 밭이야."
"네, 그렇네요."

"생긴 건 같아도 가치는 다 달라. 총각이 이 동네를 개발하는 정치인이나 공무원이라고 생각했을 때 어떤 위치의 땅을 개발할지는 이 돼지고기에 달렸어."
"네?"
"개발 압력. 개발 가능성. 눈에 보이지 않는 그것이 바로 성패를 좌우하는 돼지고기야. 이 돼지고기가 들어 있는 땅인지 없는 땅인지 분별해 내는 안목이 중요해."

돼지고기가 들어 있는 땅.

순간 너무 놀라 씹어야 한다는 것조차 잊어버렸다.

"그, 그런 안목을 어떻게 기르죠?"

"그건 과거의 자료들에 답이 있어. 어디가 어떻게 개발이 되었는지, 어떤 토지들이 개발이 되고 거래가 많았는지, 나란히 있는 땅이라도 왜 가격이 두 배 이상 차이가 나는지 조사해보면 답이 보여."

"어떻게 조사를 하나요? 그런 자료들은 어디에서 찾고 어떻게 조사하면 되는 건가요?"

"서점에 있는 부동산 책에는 없지. 그런 자료들이 책에 있겠어? 있으면 다 부자 되게. 그런 보물 같은 자료들은 일일이 발로 뛰면서 찾아봐야지."

오늘도 나는 박 사장님께 책 50권에 맞먹는 지식을 배운다.

"총각, 지난 주에 오고 다시는 안 올 줄 알았는데 찾아왔네, 하하. 진짜 좋은 땅 나오면 내가 사지. 왜 남한테 주나? 안 그래? 그런데 이제 나는 땅 욕심도 없고, 젊은 친구 도와준다고 생각하고 괜찮은 매물 나오면 알려줄게."

"네, 박 사장님. 또 올게요. 밥 잘 먹었습니다. 좋은 말씀 감사합니다."

사장님에게 인사를 한다. 인사를 하려고 고개를 숙이는데 사장님 셔츠의 단추들이 눈에 들어온다.

맨 아래 실밥이 거의 다 풀려 단추 하나가 위태롭게 달랑달랑 매달려 있다. 중간 단추만 채운 이유를 알겠다.

부동산을 나오면서 박 사장님 차를 다시 본다. 일반 도로를 다니면 저렇게 더러워질 리가 없는데 왜 저런 고급세단에 흙탕물 튄 자국이 많은 걸까.

집으로 가는데 머리와 가슴과 배를 가득 채운 듯해 기분이 날아갈 것만 같다. 오늘 저녁 재즈 연주도 잘될 것 같다.

그 뒤로 다른 지역의 부동산도 간다. 부동산은 나의 놀이터이자 나의 배움터이다.

놀면서 배운다. 배우면서 논다.

박 사장님의 조언대로 국토부, 시청, 구청, 주민센터 등등 해당 동네에 관련 자료를 싹 다 모아 출력한다. 대백과사전이다. 하나하나 놓치지 않고 읽어본다.

10년 전 진행하려 했던 사업이 이제야 시작하는 것들이 수두룩하다. 아예 취소된 것은 더 많다.

읽어도 읽어도 끝이 보이지 않는다. 수능공부는 그렇게 하기 싫었는데 이건 재미있다.

"나무를 베는 데 한 시간이 주어진다면, 도끼를 가는데 45분을 쓸 것이다."

링컨 대통령의 말이 떠오른다.

내 옆에 수북이 쌓인 자료들이 나의 도끼를 갈아줄 것이다.

나의 여신님

1

출근길에 책을 읽다가 눈이 피로해진다.

눈을 감고 고개를 뒤로 젖힌다. 머리가 몽롱하다. 피곤해서 그런 것도 있지만 책을 읽다 보니 전에 읽었던 내용들과 지금 읽는 내용들이 뒤죽박죽 섞인다.

책을 읽고 사람을 만나고 온갖 자료들을 찾아보면서 무언가 배워가고 있는 것 같기는 하지만, 눈에 보이는 성과가 없다. 결과물이 없다.

지금 내가 하고 있는 게 맞는지 모르겠다. 고1 때 무슨 과목을 하고, 고2 때는 무슨 과목을 하고, 수능을 보고 점수에 따라 진학을 하는 그런 정해진 코스가 없다.

부동산을 하는 게 맞는지부터 혼란스럽다. 친구들은 만나기만 하면 주식 이야기를 하는데 나만 뒤처지는 것은 아닌가?

내가 가는 길이 맞는 길인지 의구심이 든다. 내가 하는 것들이 맞는 것들인지 의문점이 생긴다. 의구심과 의문점이 생긴다는 것은 아마도 확신이 부족해서 그런 것 같다.

냇물이 강물을 거쳐 바다로 가듯이 돈의 방향, 즉 부의 흐름이 어디로 가는지가 궁금해진다. 천천히 생각해본다.
나 말고 대부분의 사람들에게 돈이 생긴다면 무엇을 할까.

내릴 역이다. 내려서 출구 쪽 계단으로 가는데 천 원짜리 하나가 떨어져 있다.
주울까 말까.
생각하는 사이 등산복 입은 아저씨가 한치의 고민도 없이 줍고 나서 계단을 두 칸씩 올라간다. 역시 생각은 오래하면 안 된다.
그나저나 저 아저씨는 갑자기 생긴 저 천 원으로 무엇을 할까?
아마도 아이스크림 사 먹겠지.

만약에 만 원을 주웠다면?

아마도 밥을 사 먹겠지.

10만 원이 갑자기 생긴다면 무얼 할까.

아마도 옷을 사거나 고기를 사 먹겠지.

100만 원이 갑자기 생긴다면 무얼 할까.

여행을 가거나 핸드폰이나 가전제품을 바꾸겠지.

천만 원이 갑자기 생긴다면 무얼 할까.

아마도 차를 바꿀 고민을 하겠지.

억 단위 돈이 갑자기 생긴다면 무얼 할까.

아마도 더 좋은 집으로 이사할 고민을 하겠지.

결국 집인가.

이런저런 생각을 하며 지하철역을 빠져나와 회사 건물로 들어선다.

자리에 앉아 주말에 임장 갈 곳의 날씨를 검색하는데, 연예인 누가 빌딩 시세차익으로 수십 억을 벌었다는 기사가 눈에 들어온다.

기사를 클릭해서 읽는다. 그 연예인 외에도 다른 연예인과 운동선수들이 건물에 투자해서 큰돈을 벌었다는 얘기도 보인다.

나의 선택에 대해 확신이 선다. 수입이 많은 일부 연예인과 운동선수들은 현역 때 번 돈으로 건물을 산다. 결국 부의 흐름의 끝은 건물이다. 건물도 부동산이다. 그렇다. 전부는 아니지만 돈은 결국 부동산으로 흘러 들어간다. 나의 최종 목적지와 같은 곳이다.

생각해보니 주식으로 돈을 번 사람도 그 돈으로 집을 산다고 한다. 좋은 집에 산다는 것은 인간의 당연한 욕망이다. 사람이 사는데 필요한 세 가지. 의식주. 원하는 옷을 입고, 원하는 음식을 먹고, 원하는 집에 사는 것. 셋 중에 하나만 고르라면 사람들은 집을 고를 것이다.
내가 선택한 부동산이라는 아이템이 틀리지는 않은 것 같다. 조금이나마 안심이 된다.

2

주말이다.
나는 다시 박 사장님을 만나러 간다. 빵을 안 좋아하신다고 해서 떡을 사간다. 떡집에 가니 종류가 많다. 떡집 사장님에게 소화가 잘되는 떡으로 골라달라고 해서 몇 종류를 포장한다. 맛있어 보이는 알록달록 예쁜 것들로 고른다. 뇌물이 아니라 진심이 담긴 선물이다.

박 사장님 부동산에 도착한다. 지난 주보다 더 더러워진 고급세단이 문 앞에 서 있다.

"안녕하세요, 사장님!"

"뭐야, 또 왔어?"

"지난 번에 김치찌개 잘 얻어 먹었는데 떡이라도 드리려고요."

"뭐 이런 걸 사와. 안 사와도 돼. 점심 먹었어?"

"이거 떡 같이 먹으면……."

"점심으로 무슨 떡이야. 이거 집에 가서 마누라랑 먹을게. 고마워. 피자나 시켜 먹자."

"네? 피자요? 전에 빵은 소화가 안 되신다고……."

"피자는 피자지. 빵은 빵이고."

"아…… 네……."

"피자 좋아하지 않았는데 우리 손주들이 하도 피자를 찾아서 같이 먹다 보니까 맛있어지더라고."

박 사장님은 냉장고에 덕지덕지 붙은 음식점 스티커를 보며 물어보신다.

"무슨 피자 먹을래? 나는 콤비네이션이 제일 맛있더라고. 다 들어 있어."

"네, 저도 좋아요."

박 사장님이 전화를 건다.

"여기 부동산인데요. 콤비네이션 피자 대자로 한 개. 제일 큰 거. 내가 매일 먹는 거. 콜라는 필요 없어요."

20분 후 피자가 도착한다. 피자가 담겨 있는 납작하고 넓은 박스를 탁자 위에 놓는다. 따뜻하다. 피자의 열기가 느껴지는 이 따스함이 좋다.

박 사장님이 냉장고에서 물을 꺼내는 동안 나는 박스를 연다. 사장님 말씀대로 콤비네이션이라는 이름답게 온갖 재료들이 다 들어가 있다.

박 사장님이 말씀하신다.

"나는 피자만 보면 평생 이 일만 해서 그런지, 그런 생각밖에 안 나."

"무슨 생각이요?"

"피자를 자를 때 어떻게 자르지?"

"동그란 칼 같은 걸로 세로로 한 번 긋고, 가로로 한 번 긋고, 다음에 사이 사이 한 번씩 긋는 거 아닌가요?"

"어 맞아. 그래서 총 한 번, 두 번, 세 번, 네 번 긋지?"

"네."

"그 피자 칼이 어디는 네 번 지나가고, 어디는 한 번만 지나가잖아."

"네. 그게…… 왜요?"

"꼭 도로 같지 않아? 그냥 거기서 끝나는 도로가 있고, 어쩔 수 없이 다른 도로들과 연결될 수밖에 없는 도로가 있어. 그게 내가 좋아하는 도로야."

순간 머리가 '띵' 했다.

"그 도로 옆에 있는 땅들은 어떻게 될까? 말 안 해도 알지? 그런 땅들을 찾는 게 내가 하는 직업이고, 총각이 찾는 땅이고. 맞나?"

"네……."

겉으로는 고개만 끄덕거리고 있지만 마음속으로는 허리를 90도로 굽혀가며 감사하다는 인사를 한다.

박 사장님은 피자 끝에 딱딱한 부분을 이리저리 보면서 말씀하신다.

"이 끝에 있는 딱딱한 빵 부분 있잖아. 중심에서 멀어지면 멀어질수록 가치가 낮아져. 그래서 사람들이 안 먹고 버리는 건가? 부동산 관점에서 따지면 버리는 게 맞아. 중심에서 멀리 있으니까. 멀리 있는 땅들은 얼마든지 있어. 결국 부동산은 입지라고 하는 거야."

오늘 박 사장님의 강의 핵심은 바로 이것이다.

도로와 입지.

박 사장님은 다른 피자 조각을 집어 반으로 접고 뾰족한 부분부터 크게 한입 베어 문다. 나는 방금 얘기에 충격을 받아 피자 맛을 거의 느낄 수가 없다.

"부동산 공부 좀 하고 있어?"

"네, 자료들을 찾아보고 있어요."

"이해가 돼?"

"안 되는 게 더 많아요."

"학교에서 이해가 안 되면 어떻게 하라고 배웠나?"

"네?"

"이해가 안 되면 외워. 외우다 보면 이해가 가게 돼 있어."

"네……."

학생 때 이해가 가지 않는 수학 문제는 그냥 외워버리라는 선생님 말씀이 떠오른다.

박 사장님은 세 조각을 드신 후에 나보고 나머지 다섯 조각을 다 먹으라고 한다. 음식을 남기는 게 예의가 아닌 것 같아 꾸역꾸역 모두 삼킨다.

박 사장님은 먼저 일어나서 입에 이쑤시개를 물고는 사무실 문 앞에서 밖을 바라본다. 나는 피자박스를 꽉꽉 접어 작게 만들고 쓰레기통 안에 집어넣는다. 접힌 박스가 슬금슬금 펴지면서 쓰레기통을 꽉 채운다.

박 사장님 옆으로 간다. 더러운 박 사장님의 차가 눈에 들어온다.

"사장님, 세차는 안 하세요?"

"어제 했어. 주유소에서."

"네? 그런데 이렇게 지저분해요?"

"아침에 누가 물건 좀 봐달라고 해서 갔다 왔지."

보이는 게 다가 아니다. 나보다 일찍 일어나는 사람은 많고, 나보다 많이 돌아다니는 사람도 많고, 나보다 열심히 사는 사람도 많다. 많이 먹고 많이 배웠다.
내 배 속도 내 머릿속도 콤비네이션이다.
이런 고수에게도 어려운 것이 있을까. 다 아는 것 같아 보이는데.

"사장님, 사장님은 이 일 하시면서 어려운 점 없으세요?"
"처음에 할 때는 다 어려웠지. 뭐 그거는 배우면 되는 거였고. 가끔씩 진짜 어려운 것들이 있어."
"어떤 거요? 송전탑 있는 땅 매매하는 그런 문제요?"
"아니."
박 사장님은 한숨을 푹 내쉰다.
"저기 보여? 검은 비닐하우스."
"네."
"저기 한 번 가보자."
박 사장님은 내가 가져온 떡을 챙긴다. 차 키도 챙긴다.
"내 차로 가자. 타."

3

사장님의 벤츠 S클래스를 탄다.

처음 타본다. 세단의 끝판왕.

나도 언젠가는 이런 차를 타고야…… 타긴 뭘 타. 초심을 잃지 말자. 차는 절대 자산이 아니라는 것을 잊지 말자.

그래도 좋긴 하다.

나를 감싸주는 포근한 시트, 요트를 연상시키는 럭셔리한 인테리어, 양탄자 위를 미끄러지는 듯한 부드러운 승차감.

박 사장님이 말씀하신다.

"차 좋지?"

"네, 너무 좋아요."

"친구들이 죽기 전에 한 번 꼭 타보라고 해서 샀는데, 아으."

"왜요? 잔고장이라도 있어요?"

"보험료 1년에 300만 원, 기름값 한 달에 30만 원 포함해서 대충 한 달에 고정비 60만 원이라고 하자. 그리고 감가상각 1년에 천만 원. 어림잡아서 한 달에 들어가는 비용이 160만 원이야. 그렇게 보면 내가 이 자리에 앉으려고 한 달에 160만 원씩 월세 내고 있는 거야. 완전 돈 먹는 하마 아니야?"

"그렇게 계산도 되네요. 워낙 비싼 차라서……."

"나도 드디어 이런 차 타보는구나, 승차감 죽이는구나, 싶긴 했는데 처음 일주일만 좋더라고. 그리고 여기 핸들에 박혀 있는 삼각별이 나한테 계속 말해. 당신을 성공한 사람으로 인정합니다. 그러니 앞으로도 쭉 이 삼각별과 함께합시다. 이러는 거 같아. 이 로고 진짜…… 이 로고 만든 사람 천재야."

"네……."

"좀 타다가 값이 더 빠지기 전에 팔아야지. 내가 미쳤다고 차에다 160만 원씩 월세 내고 있어? 내 부동산 사무실 월세가 150인데. 한 달에 몇 번 타지도 않는 차에 160만 원? 어이쿠 참."

검은 비닐하우스 앞에 도착한다. 저쪽에서 허리가 거의 90도로 구부러진 할아버지가 걸어오신다. 아주 천천히 걸어오신다.

1미터를 이동하는데 다섯 걸음이 필요할 정도로 보폭이 작다. 돌아가신 할아버지가 생각난다.

박 사장님은 비닐하우스의 문을 연다.

"어르신, 계세요?"

"어, 누구? 박 사장?"

"네, 떡 좀 드시라고요."

"어, 들어와."

할머니의 목소리가 들린다.

박 사장님은 나보고 들어가자고 손짓한다. 그런데 비닐하우스에 농작물이 쌓여 있을 거라 생각했는데 사람이 살고 있다.

왜 집이 있는 거지? 여기서 사시는 건가? 그냥 쉬는 장소인가?

문을 열고 아까 본 할아버지가 들어오신다.

"어르신, 떡 좀 드세요."

"아이고, 고마워. 박 사장."

"별일 없으시죠?"

"뭐 노인네가 별일은. 똑같지 뭐."

"드세요. 가볼게요."

밖으로 나와 박 사장님과 나는 나란히 차 쪽으로 걸어간
다. 내가 알기로 이 땅의 지목(地目)에서 이렇게 집을 만들
고 거주하는 것은 불법이다.

"저 할머니 할아버지 여기에서 사시는 거예요?"

"사연이 있지."

"불법 아닌가요?"

"불법이지. 여기 내 땅이야."

"네?"

"여기 땅이 원래 저 어르신들 거였는데, 자식들이 사업자
금 댄다고 담보로 대출을 받았어. 그런데 사업이 쉽나. 대
출 못 갚아서 경매로 넘어갔지. 그걸 내가 낙찰을 받았는
데 비닐하우스 안에 저렇게 사람 사는 집이 있을 줄 상상
이나 했겠어. 여기서 부동산 한 지 몇십 년인데 저기 사람
이 산다는 건 생각도 못했네."

"그래서 어떻게 하셨어요?"

"자네라면 어때? 저 갈 곳 없는 노인들을 쫓아낼 수 있어?"

"아, 아니요……."

"그렇다고 신고할 수도 없고. 당장 갈 데도 없는 노인들인

데. 그냥 살면서 농사 지으시라고 했어."

"저분들 비닐하우스 안에 사시는 거 지자체에서는 아나
요?"

"아마 알걸. 그냥 모른 척하는 걸 거야. 법적으로는 불법
인데 어떻게 사람이 또 그래. 젊은 사람들도 아니고 제대
로 걷지도 못하는 노인네들한테 어떻게 나가라고 하겠어.
이런 게 어려워. 불법인 건 누구나 다 알아. 그런데 어떻게
할 수가 없어. 이렇게 정답이 책에 나와 있지 않은 것들. 결
국 사람 문제가 제일 어려운 거지."

"네……."

"자네도 회사 다니잖아? 뭐가 제일 어려워? 사람이지?"

"네. 맞아요."

"부동산도 결국 사람끼리 거래하고, 물건에 다 사연이 있
고. 뭐 그래. 사람이 제일 중요하지, 사람이."

차에서 내린다. 매달 160만 원씩 받아먹는 차를 다시 한
번 본다. 더 더러워져 있다. 사장님 차가 더러운 이유가 있
다. 남들이 다 부러워하는 이 차를 사장님은 돈 먹는 하마

라고 생각하고 계신다. 오랫동안 몸에 밴 절제력, 절약 습관 그리고 남들과 다른 사고방식. 이 사람은 진짜 고수다.

"사장님 같은 통찰력은 어떻게 키우나요?"

"하하, 내가 무슨 통찰력이 있다고 그러나? 그냥 경험이 쌓이다 보니까 자네보다 조금 더 아는 것뿐이지. 나도 처음에는 아주 얄팍했는데 그 얄팍한 것들이 층층이 쌓이니까 두툼해진 것뿐이야. 이건 학벌이나 아이큐나 배경 같은 것과는 다른 차원의 문제야. 내가 왜 일을 하는지, 진짜 목표가 무엇인지, 왜 그런 목표를 정했는지, 혹시 목표가 잘못되지는 않았는지 계속 알아가는 과정이 필요하지. 결국 파고들다 보면 두 가지 질문으로 귀결되더라고. 나는 누구인가. 나는 어떤 인생을 살 것인가. 자네는 이런 생각 해봤나?"

"음…. 대학생 시절 소파에 누워 TV 보면서 한 마리의 연체동물처럼 흐느적거릴 때요. 달팽이도 나보다는 많이 움직이겠다는 생각을 했어요. 그런데 시간이 지날수록 점점 더 움직이지도 않는 미역줄기처럼 되어 있더라고요."

"하하, 자네 말 참 재미있게 하는구먼. 내 친구들은 항상 그런 얘기를 해. 시간 참 빨리 지나왔다, 인생 덧없다, 이제까지 뭐하고 살았나, 이런 말들. 그런데 난 그렇게 생각 안해. 왜냐면 열심히 살아왔고, 많은 걸 배워왔고, 좋은 일도 많았고. 물론 힘든 적도 많았지만 결국 과정 중 하나일 뿐이야. 그런 세월들이 나를 일깨워줬거든. 인생을 마무리할 때쯤에 내 인생은 왜 이렇게 아무 의미가 없었나 하고 생각하면 얼마나 끔찍하겠어? 나는 다행히 지금까지는 그렇지는 않아."

"네 ……."

"자네, 하루 일과를 인생의 축소판이라고 생각해본 적 있나?"

"하루 일과요?"

"그래, 이를테면 이런 거야. 우리가 아침에 일어나면 정신이 희미하지. 그건 유아기야. 정신을 차리고 출근해서 일을 시작하는 시간은 청소년기인 거고. 점심을 먹는 시간, 이때는 뭔가 스스로 선택할 수 있고 돈을 벌어 즐길 수 있는 20대 후반에서 30대 중반이지. 점심을 먹고 나면 졸음이 오지 않나? 꾸벅꾸벅 졸면서 여기는 어디인가, 나는 누구인가, 졸면 안 되는데, 일어나야 하는데, 눈은 왜 감기지, 이런 생각하며 몽롱하게 꿈과 현실 사이를 헤매는 이

때는 30대 후반에서 40대 중반. 시간이 지나서 어느 정도 잠이 깨고 오늘 뭐했나 되돌아보는 시간이 40대 후반에서 50대 초반인 셈이지. 그러다가 저도 모르게 퇴근 시간이 되어 회사를 벗어나는 시기는 50대 중반. 퇴근하고 집에 갔는데 딱히 뭘 해야 할지는 모르겠고, 반겨주는 것은 강아지뿐이고, 손잡아주는 것은 리모컨뿐인 시간은 60대인 거야."

"와, 딱인데요."

"저녁 먹으며 TV를 보는데 아나운서만 다를 뿐 수십 년째 같은 내용인 뉴스. 그 뉴스가 지겨워 어느새 내셔널지오그래픽에 나오는 기린, 사슴을 보며 자연의 아름다움과 경이로움에 감탄하다가 사자가 그런 동물들을 잡아먹는 것에 가슴 아파하지만 한편으로는 자연의 섭리라는 것에 고개를 끄덕이며 스르르 잠이 오는 때는 70대. 지금 자면 새벽 2시에 깰 거 같아 강아지 목줄 걸고 동네 산책 나가서 이제야 퇴근하는 젊은 사람들을 보고 나도 한때는 저랬지, 나는 그동안 뭐하고 살았나, 이런 고민을 40대부터 했는데, 하고 한탄하는 때가 80대. 이런 게 바로 평범한 사람들의 일생 아니겠나?"

"자, 잠시만요. 종이에 좀 적을게요."

"아니, 뭘 이런 걸 적어? 살다 보면 저절로 알게 돼. 자네가 내 얘길 너무 잘 들어줘서 내가 오늘 주책맞은 소릴 좀 한 거야. 나는 이제 가봐야겠어. 자네는 어쩔 텐가. 오늘 어디 가나?"

"아, 저는 물건 몇 개 더 보고 가려고요."

"그래, 오늘 즐거웠어. 조심해서 보고 가."

오늘도 박 사장님에게 너무 많은 것을 배우고 돌아가는 것 같아 가슴이 벅차오른다.

4

박 사장님에게 인사를 하고 미리 약속해놓은 매물을 보러 간다.

시세보다 많이 저렴한 매물이다. 여기서 5킬로미터 정도 떨어져 있다. 다행히 거기까지 가는 버스가 있다.

버스를 타면 편하게 간다. 한여름의 폭염 아래 땀을 흘리지 않고 갈 수 있다. 그런데 왠지 버스를 타고 가기가 찜찜하다. 여기까지 왔는데 또 버스를 타고 가는 것이 아깝다. 버스를 타더라도 창밖을 유심히 보긴 하겠지만 그러다 중요한 단서를 놓칠 것만 같다.

그냥 걷기로 한다. 체감온도 40도에 육박하는 한여름에 구름 한 점 없고 그늘 하나 없는 길을 걷는다.
덥다. 다리도 아프다. 그런데 마음은 편하다. 마음이 편해서 그런지 아프던 다리가 어느새 아프지 않게 느껴진다.

한 시간쯤 걸었을까. 보려고 했던 매물 근처에 거의 다 와가는데 나지막한 나무와 풀들 사이로 깃발들이 보인다. 노란색 삼각형 깃발이다.
노란색 삼각형 깃발은 토지보상이 제대로 진행되지 않고 있다는 뜻이다. 뭔가 있는 것 같다. 노란색 깃발은 내가 보려고 한 매물 바로 직전까지 쭉 이어져 있다.

찾아보니 혐오시설이 들어오는 모양이다. 마을 주민들은 반대하고 있는 상황이고, 주변의 토지 지주들은 땅값이 떨어질 것을 우려해 빨리 처분하는 중이었다. 풀들이 높이 자라 깃발이 제대로 보이지 않았기 때문에 만일 버스를 타고 왔다면 깃발을 보지 못했을 수 있다. 역시 걷기를 잘했다.

다음 물건을 보러 간다. 역시나 5킬로미터 정도 떨어져 있다. 목적지까지 가는 버스가 있었다면 아마도 탔을지도 모른다. 다행히 버스가 없어 고민 없이 걸어간다. 편의점이나 슈퍼마켓 하나 없다.

군대시절 행군할 때가 생각이 난다. 중학생 때 오래달리기를 하던 때가 생각난다. 초등학생 때 동전을 주우려고 운동장을 몇 바퀴씩 돌던 생각도 난다. 몸이 힘들면 생각이 없어질 줄 알았는데, 몸이 힘들면 생각이 더 많아진다.

목적지에 도착한다. 아니나 다를까 바로 옆에 축사가 있다. 축사가 있는 곳은 기피 대상이다.

다시 돌아가려고 하는데 소 울음 소리가 들린다. 이왕 온거 소 구경이라도 하고 가야겠다. 소똥 냄새와 사료 냄새가 예고 없이 콧속으로 파고든다. 입으로만 숨을 쉰다. 어떤 소들은 누워 있고, 어떤 소들은 먹고 있고, 어떤 소들은 자고 있다.

참 편해 보인다. 나도 그냥 먹고 자기만 하면 안 될까.

그때 부스럭거리는 소리가 났다.

"누구세요?"

"아, 안녕하세요. 여기 땅 좀 보러 왔다가 잠깐 소 구경하고 있습니다."

"아, 축사 때문에 실망하셨겠어요."

"네? 아, 아니요."

"여기 오는 사람들 다 축사 있는 거 보고 욕 한마디씩 하고 가요."

"네……."

"저 앞에 땅 보러 오신 거 맞죠? 그거 사셔도 돼요."

"네?"

"민원도 맨날 들어오고 더 이상 저도 못해먹겠어요. 그래서 이거 다음 달에 접을 거예요. 그러니까 사셔도 돼요."

어리벙벙하다. 이건 현장에서만 들을 수 있는 고급 정보다. 축사 때문에 주변 땅값이 꽤 오랫동안 정체되어 있었다. 이곳 시세는 축사만 나가면 건너편에 축사 없는 곳의 시세만큼 바로 올라갈 수 있다.

근처 농협에 가서 대출을 알아보고, 통장의 잔고까지 더해본다. 돈이 부족하다. 나의 종잣돈이 아직 부족하다. 그렇게 아까운 매물을 코앞에서 놓치고 만다.

부동산은 역시 현장이다. 부동산은 '걷는 자'에게 황금열쇠를 쥐어준다는 것을 점점 실감해간다.

5

2주가 지났다.

여전히 재즈바에 출근한다. 연주를 시작하려는데 의사 선생님의 후배가 친구 한 명과 같이 들어온다. 이번에도 그녀에게 후광이 비추는 것 같고 머리 위에는 무지개가 떠 있다. 그때 느꼈던 빛이 가짜가 아니었다. 두 번째 보는 지금도 빛이 보이는 걸 보니 그 빛은 진짜다.

그녀가 고개를 살짝 숙여 인사한다. 나도 허리와 고개를 살짝 숙여 인사한다.

떨린다. 여태까지 살면서 처음 느껴보는 감정이다.

설마 이게…… 사랑……?

그래, 내가 늘 하던 짝사랑…… 그런 거겠지. 내 주제에 무슨 사랑이야.

베이시스트 편의점 사장이 연주를 시작하자고 신호를 보낸다. 드럼이 먼저 시작한다.

탁탁탁탁.

베이스기타와 키보드가 동시에 들어간다. 사장님의 제안대로 오늘은 빠른 곡으로 시작한다. 떨릴 때는 차라리 빠른 곡이 낫다.

악보는 머릿속에 있고, 귀는 양쪽 다 잘 들리고, 눈도 둘다 잘 보이고 손가락만 잘 움직여주면 된다. 처음 연주할때만큼 떨린다.

표정도 중요하다. 무표정한 것보다는 드라마 속 유아인 느낌이 나도록 해야겠다. 살짝 심취한 듯하지만 너무 과하지는 않게.

실수로 건반 몇 개를 겹쳐 눌렀다.

괜찮다.

재즈의 장점 중 하나가 틀려도 별 티가 안 난다는 것이다.

오늘 그녀가 오는 줄 알았더라면 머리에 왁스라도 바르고오는 건데.

의사 선생님이 자기 환자라고 말씀하셨을까?

뭐 어때.

차라리 아는 게 속 편하지.

손가락은 바삐 움직이는데 생각은 다른 데에 가 있다.

다섯 곡 연주를 끝내니 20분 쉬는 시간이다.

그녀가 있는 테이블에 가볼까? 가도 되나?

지난 번에는 의사 선생님이 있어서 갔는데 지금은 없다.

어떡하지?

"야, 너 아는 손님이야? 인사나 하고 와."

사장님의 말에 마지 못하는 척하고 테이블로 향한다.

감사합니다, 사장님.

자리로 가서 조심스럽게 인사한다.

"안녕하세요."

"안녕하세요. 오늘 공연도 너무 좋아요."

"와주셔서 감사합니다."

아, 이제 무슨 말을 해야 하지. 여기서 이렇게 끝내면 너무 아
쉬울 것 같다. 초집중해서 다음 대화거리를 만들어야 한다.

빨리, 빨리, 빨리.

"여기 안주 맛있네요."
다행히 그녀가 먼저 말을 꺼낸다.
"네, 주방장 형님이 요리를 잘해요."
다행히 한마디는 넘겼다.
아, 이제 무슨 말을 하지. 이대로 끝나면 너무 짧잖아.
아무 말이나 해보자.

"저 연락처……"
"네?"
무슨 개소리야. 갑자기 무슨 연락처를 달래. 여기가 무슨
헌팅포차니? 빨리 핑곗거리를 만들어!

"혹시 듣고 싶으신 곡 있으시면 문자로 주세요. 제가 연습
해 올게요."
와, 나의 감춰졌던 센스가 여기에서 나오는 건가!
핑계 죽인다.

"아, 그래 주시면 너무 감사하죠. 010……"

"재즈도 좋고 클래식도 할 줄 아니까 좋아하시는 거 다 알려주세요."

이 정도면 성공인가.

나는 다시 멤버들이 있는 곳으로 가서 목을 축인다.

얼떨결에 전화번호를 받았다.

치료하는 사람과 치료받는 사람.

고공 비행하는 사람과 저공 비행하는 사람.

참 안 어울린다.

그래도······.

그나저나 뭐라고 저장하지?

의사 선생님 친구? 그냥······ 선생님?

흠······.

'여신님'이라고 저장한다.

모든 꽃은 각각 피는 계절이 있다

1

새 회사에서 나는 꽤나 공격적이다.

우리 회사 제품이 외국 회사들에 비해 경쟁력이 부족하다.
이유는 크게 두 가지다.

첫 번째는 각 제품에 대한 사용 목적이 모호하다는 점이다.
외국 회사들은 각 모델마다 목적이 뚜렷해서 소비자가 선
택하기 쉽다. 우리 회사 제품은 모델 수도 적은 데다 한 가
지 모델로 외국 회사의 여러 경쟁 모델을 커버하려고 한
다. 신제품이 나와도 기존 제품과 차이가 별 차이가 없다.
기능이 향상되고 추가되었다고 하지만 거의 다를 바가 없
다. 내가 사용자라도 메리트가 보이지 않는다. 결국 이도
저도 아닌 제품만 계속 내놓고 있다.

둘째는 디자인이다.

과거의 제품을 보면 디자인 면에서 해외 브랜드나 우리 회사나 비슷했다. 그런데 요즘의 해외 브랜드 제품은 젊어진 사용자 층에 맞추어 온라인 광고도 늘리고 심플하고 세련된 디자인으로 진화하고 있다.

우리 회사 제품은 옛날 감성 그대로다. '레트로'라고 포장해봤자 그냥 촌스러울 뿐이다. 내가 고객이라도 같은 기능에 같은 가격이면 해외 브랜드 제품을 고를 것이다.

영업팀인 나는 항상 그런 불만을 고객들에게서 직접 듣는다. 선배들도 같은 상황이다. 늘 변명을 해야 한다.

이런저런 이유가 있어서 안 되고, 그래서 죄송하다고 말한다. 반복의 반복이다. 변명과 사과를 하는 것도 금세 지친다. 선배들은 껄껄 웃으며 한잔하면서 풀자고 고객사들을 달랜다.

뒤떨어지는 디자인에 사용 목적이 모호한 제품군.
이것만 잡아도 꽤나 승산이 있어 보인다.
나만 아는 게 아닐 텐데.
선배들도 분명히 알 텐데.

사수에게 물어본다.

"대리님, 신제품 개발하는 거요. 원래 있던 제품과 너무 비슷하지 않아요?"

"내버려둬. 자기들 마음대로 하게."

"네?"

"안 그래도 회의에서 이것 가지고 말이 엄청 많았어. 왜 이런 거 또 만드냐고. 팔리지도 않을 건데. 그런데 위에서는 하라고 시키니까 해야지. 별수 있나. 전화 붙잡고 미안하다고 하고, 찾아가서 미안하다고 하고. 아우, 지겹다. 우리 회사 물건을 사는 사람들이 있다는 게 더 신기해. 나 같으면 외국 걸 사지."

선배들도 알고 있다. 알고는 있지만 우리에게 무엇이 필요한지 집요하고 강하게 어필하는 사람은 없는 것 같다. 선배들 대부분 기계처럼 일만 하다가 집으로 돌아가는 느낌이다.

내일 신제품 중간 점검이 있는 날이다. 임원들하고 주요 연구개발자들이 들어온다고 한다. 나도 회의를 참관하겠다고 팀장에게 말해두었다.

2

나는 회의에서 할 말을 머릿속에서 재생해본다.

문제 제기할 것과 불만사항, 건의사항 등이다. 불만처리 접수처가 되어버린 나는 굉장히 날카로워져 있다.

덥수룩한 머리에 두꺼운 안경을 쓴 연구원이 발표한다. 마지막 질문을 받는다고 한다. 아무도 말이 없다. 마음을 먹고 오긴 했지만 순간 손을 들까 말까 고민한다.

들면 모두 나를 쳐다보겠지.

1년 넘게 무대에서 연주한 경력이 있는 나다.

긴장할 필요 없다.

이렇게 생각하자 바로 손이 올라간다.

연구원이 나를 보고 말한다.

"네, 말씀하세요."

"기존 제품하고 별 차이가 없어 보이는데요."

연구원은 내려간 안경을 살짝 올리고 대답한다.

"이 부분이 개선되었고, 저 부분이 추가되었습니다."

"그건 기존 제품에서도 구현할 수 있는 거 아닌가요? 신제

품이라면 뭔가 확실하게 달라진 게 있어야 하는데 기능이
나 디자인이나 거의 차이가 없어 보입니다."

회의 참석자들 표정이 점점 굳어간다. 마치 왜 이제 와서
이러냐는 듯이. 나는 말을 이어간다.
"고객들은 신제품에 거는 기대가 큽니다. 제가 고객이라
면 실망할 것 같습니다. 그리고 디자인에도 변화가 없습니
다. 신제품인지 설명을 하지 않으면 알아채지 못할 것 같
습니다."
"그건 디자인팀 역할입니다. 저희는 소프트웨어만 담당합
니다.

평계를 다른 부서에 돌린다. 맞는 말이기는 하다. 다들 나
를 '뭐 저런 인간이 다 있어' 하는 표정으로 쳐다본다.
이왕 이렇게 된 거 할 말은 해야겠다. 선배들도 다 알고 있
는 내용인데 씨알도 안 먹혀서 안 하고 있다면 내가 그 씨
알 좀 먹히게 해봐야겠다.
그 씨알을 먹히게 하려면 모두의 머릿속에 콱 박힐 만한
단어가 필요하다.

적절한 비유가 없을까.

"호텔의 안심스테이크를 기대했는데 사내식당의 퍽퍽한 미트볼 같은 그런 거네요."

미친. 사원 나부랭이가.

아, 모르겠다. 이미 뱉은 말. 뭐, 어떻게든 되겠지.

앞에 선 연구원 표정이 썩는다. 임원들 표정은 이미 썩어 있다. 대리들은 티 나지 않게 웃는다. 우리 팀장은 그만하라는 제스처를 보낸다.

나는 자리에 앉는다.

연구원이 말한다.

"더 이상 질문 없으시면 이만 마치겠습니다. 수고하셨습니다."

참석자들 모두 회의실을 우르르 빠져나간다.

임원 중에 한 명이라도 내 말에 힘을 실어주길 바랐지만 역시나 아무도 말을 하지 않았다.

자꾸만 전 회사와 비교하게 된다. 전에 다니던 외국계 회사에서는 회의 참석자가 여기처럼 많지도 않았다. 소수의 참석자가 누구나 자유롭게 의견을 말하고, 그 의견에 대해 검토했다. 잘못된 게 있으면 바로 수정 작업에 들어갔다. 진행이 꽤 된 것도 아니다 싶으면 과감하게 접었다.

그런데 여기는 아니다. 이미 여기까지 왔으니, 기획하고 진행한 사람들의 수고와 노력을 위해서라도 어떻게 해서라도 끝을 봐야 한다는 분위기다. 그 끝이 좋지 않을 거라는 걸 예상하면서도 말이다.

3

팀 선배가 어깨동무를 한다.

건물 밖으로 나가서 한 바퀴 돌고 오자고 한다.

"너 우리 팀장님 과장 때까지 별명이 뭔 줄 알아?"

"뭔데요?"

"쌈닭. 쌈닭이었대. 끝없이 싸워댔던 거지. 뼛속까지 영업맨인 사람인데 담당한 제품이 고객 지향적이지 않고 자꾸 생산자 지향적으로 나오니까 개발자랑 맨날 붙었던 거야. 지금 우리 제품이 딱 그렇잖아."

"네, 맞아요."

"쓰는 사람이 편해야 하는데 우리 회사는 만드는 사람이 편하도록 만들어. 그러니 팀장님이 빡치겠니, 안 빡치겠니?"

"빡치죠."

"다 너 같은 생각 가지고 있다. 그냥 입 다물고 가만히 있을 뿐이지. 포기했다고 해야 하나, 무관심해졌다고 해야 하나."

무관심.

연예인에게 가장 무서운 것은 비난이나 악성 댓글이 아닌 무관심이라고 들었다.

회사원이 회사에 무관심해지면 그 회사는 어떻게 될까.

선배가 말한다.

"그리고 만약에 누가 구체적으로 어떤 시장에는 어떤 기능이 필요한지, 어떤 디자인이 우리 회사 제품과 회사 아이덴티티랑 맞는지 물어보면 설명할 수 있어?"

"……."

그 생각은 못해봤다. 저격할 준비만 했을 뿐 대안은 생각해놓지 않았다.

"만약에 네가 그 대답을 잘 못했거나, 아니면 잘했다 하더라도 너랑 연구개발팀 사이에 언쟁 비슷하게 했겠지. 사람들은 그게 보기 싫은 거야. 그냥 좋게 좋게 넘어가자, 뭐 이런 문화가 지금의 우리 회사를 만든 거지."

"왜죠?"

"그 사람들도 다 월급쟁이니까. 열심히 해도 안해도 월급은 같아. 그런데 뭐 하러 스트레스 받아가면서 해? 그게 대부분의 직장인들 마인드야."

우리는 앞을 보고 터벅터벅 걷는다.

"희한한 게 뭐냐 하면, 다들 무관심해도 회사는 안 망해. 나도 신기해. 다들 정신은 딴 데 있는데 회사가 돌아가는 게."

"네…… 그러네요."

"너도 회사에 애정 가지고 그러는 건 좋은데 쉽지 않을 거야. 상대가 너무 커. 회사는 수천 년 된 거대한 바위이고 우리는 굴러 들어온 자갈 같단 말이야. 같은 편인데 상대편인 것 같은 느낌은 왜 드는지 모르겠어. 그리고 사람들은 위로 올라갈수록 듣고 싶은 말만 들으려고 해."

"왜요……?"

"윗사람들이 사원, 대리였을 때는 우리 때보다 폭언, 욕설, 괴롭힘이 엄청 심했거든. 지금은 나이 먹고 직급도 올라갔는데 좋은 말만 듣고 싶고, 자기 치켜세워주는 사람 끌어주고 싶겠지. 이해는 가. 나도 위로 올라가면 그렇게 될 것 같으니까."
"그렇군요."

"그러다 보니 밑의 사람들은 윗사람한테 찍히지 않으려고 입맛에 맞는 말만 하게 되고. 윗사람은 듣고 싶은 말만 듣고, 보고 싶은 것만 보다 보니 현실은 모르고 탁상공론이 되는 거지. 우리 사업부 상황만 봐도 딱 그렇잖아."
"네, 그런 것 같아요. 아무도 임원들 의견에는 반대를 안 하는 것 같아요."

선배가 다시 조용하게 말한다.
"제품이 만들어지는 걸 봐. 네가 말한 대로 고객 맞춤이 아니라 생산자 맞춤이지? 실무자들도 다 살아남으려고 사장, 임원들이 원하는 제품을 만들어. 고객이 원하는 제품이 아니라."

"네? 그게 말이 돼요?"

"신제품이 기존 제품과 별 차이 없다고 지적했잖아. 신제품 자체보다는 자기 임기 때 신제품이 나왔다는 사실이 중요한 거야."

"와…… 그건 짐작도 못했네요."

"또 중요한 게 있어. 책임도 안 져."

"무슨 뜻이죠?"

"우리 본부장은 자기가 속으로 이미 답을 정해놔. 그리고 각 팀장들 보고 어떻게 할 건지 보고하라고 해. 자기가 정해놓은 답과 비슷한 보고가 나올 때까지 기다려. 그리고 그게 나오면 그나마 낫다면서 그걸로 하자고 그래. 결과가 안 좋으면 보고를 했던 팀장한테 뒤집어씌워. 그렇게 지금 10년째 임원하고 있어."

"우리가 그런 사람 밑에서…… 하아……."

"내가 신입일 때나 지금이나 변한 게 하나도 없어."

건물 주변 한 바퀴를 다 돌았다. 회사 내에서 능력 있고 싹싹하기로 유명한 선배는 한 달 뒤 다른 곳으로 이직을 한다. 듣자 하니 연봉을 2천만 원 더 받고 옮긴다고 한다.

회사는 좋은 인재를 이렇게 놓치고 만다.

역시 완벽한 회사란 없다. 외국계도 국내 대기업도 각자의 장단점이 있다. 업무도 많이 다를 줄 알았는데 시간이 지나고 보니 다 거기서 거기다.

4

핸드폰이 울린다.

발신자는 박 사장님이다. 내가 사고 싶었던 위치의 매물이 괜찮은 가격에 나왔다고 한다. 최근에 매수세가 높아져서 문의가 많으니 서두르라고 한다.

경험상 땅 전문 부동산들은 바쁜 적이 없었다. 항상 한가해 보였고, 가면 나만 한참을 상담하다가 왔다.
박 사장님이 계약서를 빨리 쓰고 싶으신 건가. 나는 다음 날 연차를 내고 부동산에 간다. 계약할 준비는 다 되어 있다. 얼마를 대출받을지, 어떤 서류를 확인해야 할지 꼼꼼히 머리에 그려본다.

부동산 문을 연다.

"안녕하세요, 사장님."

"왔어? 어제 내가 서두르라고 했잖아. 벌써 계약 끝났어."

"네?"

"다른 부동산이 주인하고 연락해서 벌써 계약금 보냈어. 땅 주인도 빨리 다른 물건 잡으려고 한 것 같아."

"아……."

"총각처럼 좋은 매물 기다리다가 사려는 사람 많아. 여기도 나름 치열해."

이럴 수가.

허탈하게 집으로 돌아간다.

너무 안일했던가. 성공할 수 있었는데.

아깝다.

뭘 해야 하지?

뭘 하긴 뭘 해. 더 찾아보고, 더 많이 돌아다녀야지.

휴가 낸 것이 아까워 전에 봐둔 동네 땅을 보러 간다. 근처 부동산에 들러 연락처를 남긴다.

땅 투자는 경쟁자가 별로 없는 줄 알았다. 그런데 눈에 보이지 않을 뿐 실제로는 꽤 많았다. 내 생각이 짧았고, 내 식견이 부족했다.

아직 어설프지만 내 계산으로 그 땅의 가격은 3년 뒤에 최소 두 배로 팔 수 있는 아주 좋은 조건이었다.

배가 고프다. 방심했다가 계약을 놓쳤으니 밥을 먹을 자격이 없다.

계약을 했으면 만 원짜리 갈비탕 한 그릇 먹는 건데.

계약을 못했으니 5,000원짜리 순두부찌개도 아깝다.

너무 배가 고프니 3,000원짜리로 먹어야겠다.

전 직장에서 매일 먹던 한솥도시락이 생각난다. 어차피 집에 가는 길이다. 생각이 난 김에 거기로 간다.

아주머니는 그대로다. 오늘도 무표정이다. 나를 전혀 기억 못하는 것 같다.

나는 치킨마요 하나를 시킨다. 조그만 목소리로 덧붙인다.

"밥 많이 주세요."

"여기, 나왔어요."

나는 카운터에 가서 쟁반 위에 있는 치킨마요를 본다. 치

킨마요 위에 고기 산적 세 덩이가 있다. 나는 아주머니를
바라본다.

"오랜만에 왔네요. 얼굴 좋아졌어요."
"아, 네…… 잘 지내셨죠?"
"난 또 무슨 사고라도 난 줄 알았지……. 다행이네."

세상은 따뜻하다. 차가운 이 세상에도 틈틈이 온기 있는
곳이 있다. 나를 기억하고 계셨다.
내가 그때 옆 사람이 남긴 반찬과 라면을 몰래 먹던 것을
보셨던 것 같다.
아들뻘 되는 사람이 매일 같이 와서 3,000원짜리 밥만 먹
는 게 안타까웠던 모양이다.

내가 나에게 너무 가혹한가.
먹는 것까지 이렇게 아껴야 하나.
얼마 되지도 않는 돈 아껴봐야 부자가 되는 것도 아닌데.
이런저런 생각을 하면서 정신 없이 밥을 해치웠다. 아주머
니께 또 오겠다고 인사를 하고는 식당을 나온다.

문을 등지고 나오니 직장인들이 삼삼오오 스타벅스 커피를 손에 들고 있다. 나의 한 끼 식사보다 비싸다. 내 한 끼 값의 두 배가 되는 음료도 있다. 그런 계산을 하고 나니 갑자기 뿌듯해졌다.

지금 회사의 사내식당에서는 공짜로 밥을 먹을 수 있다. 반찬을 추가로 가져갈 수도 있다. 밥을 더 퍼달라고 할 수도 있다. 그래서인지 이직을 하고부터는 나를 괴롭히던 배고픔이 없었다.

배고픔이 단순히 배만 고픈 것이었을까.

여유로운 사람이 다이어트 하는 것과 그렇지 않은 사람이 어쩔 수 없이 굶는 것.

할 수 있는데 안 하는 것과 할 수 없어서 못하는 것.

헝그리 정신이라는 말이 처음으로 이해가 가기 시작했다.

이런 생각을 하며 집으로 돌아가는데 핸드폰이 울린다.

한 달 전쯤 들렀던 부동산중개소다.

내가 말했던 시세와 평수, 위치가 비슷한 매물이 나왔다고 한다.

바로 가겠다고 답한다.

5

부동산중개소에 도착한다.

사장님과 할아버지 한 분이 앉아 계신다.

"안녕하세요, 사장님."

"금방 왔네요? 여기 땅 주인분이세요."

땅 주인 할아버지는 얼굴에는 '나 평생 농사했어요'라고 쓰여 있다.

볕에 그을려 새까만 피부, 두툼하고 거친 손, 피오르 해안 같이 구불구불 좁고 깊은 주름.

"자식 놈들 벌이가 변변치 않아서 증여도 못하고 참. 아들 놈이 뭐라고 하는 줄 알아? 증여세도 내달래. 증여세 내주면 그거에 대한 증여세도 또 내는 줄 모르나 봐. 그리고 요즘은 아파트지 무슨 땅이냐고 필요 없대. 뭘 몰라도 한참 몰라."

할아버지와 부동산 사장님의 대화를 들으며 서류들을 확인한다. 딱 내가 원하던 위치와 크기다.

이 동네는 하도 다녀서 안 가봐도 어디인지 안다. 이제 가격 협상만 남았다.

"저, 사장님…… 계약할게요."
할아버지가 나를 쳐다보신다. 내 눈을 계속 바라보신다.
뭐라고 말해야 하지.
심장이 두근거린다.
갑자기 안 판다고 하는 건 아니겠지.

"이 땅 사서 뭐 하려고?"
여러 번 상상해온 순간이다.
보상받으려고요, 시세 오르면 다시 팔려고요, 하고 말했다
가는 수십 년 이 터전에서 농사를 지어온 할아버지가 마
음을 접어버릴 것만 같다.
뭐가 정답인지 모르겠지만 나는 사는 게 목적이고, 할아
버지는 파는 게 목적이다. 이왕 사고 팔려면 기분 좋게 거
래를 하고 싶다.

"회사 그만두면 농사 지으려고요. 그 전까지는 친척 중에
농사 지으시는 분이 있어서 그분께 맡기려고 합니다."
회사 그만두면 농사 짓는 것은 확실하지 않지만, 이모부가

나와 농사를 짓기로 한 것은 사실이다.

"요즘 사람들이 농사를 지어?"

그냥 궁금한 건지, 나를 테스트하는 건지 모르겠다. 얼굴이 너무 까매서 표정을 읽을 수도 없다. 일단 대답한다.

"네, 한 번 해보고 싶어요……."

나는 말끝을 흐린다. 자신이 없다.

부동산 사장님의 역할은 여기서 나온다.

"이 총각이 몇 개월 전부터 사무실 와서 농사 지을 만한 좋은 땅 없냐고 물어봤어요. 그러니까 제가 어르신이 땅 내놓으셨을 때 바로 이 총각한테 연락했지요. 저 봐요. 농사 잘 짓게 생겼잖아요. 요즘은 젊은 사람들이 농사 더 잘 지어요."

할아버지가 내 얼굴을 다시 쳐다보신다. 누가 봐도 희끄무레한 얼굴과 뽀얀 손은 농사와는 거리가 멀게 생겼다. 이 순간 그나마 내가 햇빛을 등지고 앉아 얼굴에 그림자가 졌을 것이라는 희망을 가진다.

부동산 사장님이 멍석을 깔아주셨으니 이제 내가 마무리를 지을 차례다.

"어르신, 저 농사 진짜 잘 지어보고 싶어요. 저희 외갓집이 전부 농사를 지으셔서 그분들이 많이 도와주신대요."

부동산 사장님이 나의 말에 바로 지원 사격을 한다.

"어르신, 값은 전화로 말씀하셨던 그 금액 맞죠?"

어르신은 잠시 생각한다.

무슨 생각을 하실까.

가격을 올릴지 말지, 팔지 말지. 둘 중 하나겠다.

팽팽한 긴장감 속에 고요함이 이어지다가 할아버지가 부동산 사장님을 쳐다보며 말씀하신다.

"네, 그럽시다."

나는 너무 활짝 웃지도, 무표정을 유지하지도 않는다. 입 꼬리만 가볍게 들어올린다.

드디어 계약하는 건가!

아니다. 자만하면 어떤 방식으로 판이 뒤집어질지 모른다. 끝까지 집중하고 신중하고 조심해야 한다. 계약서에 도장을 찍어도 엎어지는 일이 허다한 게 바로 땅 거래다.

사장님은 준비해둔 계약서를 할아버지 앞에 둔다. 가격 협상은 못할 것 같다. 괜히 가격 이야기 꺼냈다가 할아버지 마음이 상해서 돌변할 수 있으니.
"자식 새끼들 있어봐야 뭐해. 돈 필요할 때만 찾아오고."
한숨을 푹 쉬신다. 셔츠 가슴 주머니에 손을 푹 찔러 넣더니 도장을 꺼내신다.
나도 그제야 준비한 도장을 꺼낸다. 사장님은 고급스럽게 생긴 검붉은 인주를 꺼내 테이블 중간에 올려놓는다.

두근두근.
콩닥콩닥.
첫 거래의 순간이 다가온다.
할아버지께서 도장을 찍으시고, 그 다음 내가 찍는다.
계약서 한 부는 내가 가지고, 한 부는 할아버지가 가지고, 한 부는 부동산 사장님이 갖는다.

결정하기까지가 오래 걸리지 막상 결정하고 실천하는 데는 오래 걸리지 않는다. 등기는 법무사에게 맡기기로 했다.

할아버지가 먼저 자리에서 일어나신다.

먼저 손을 내미신다. 악수를 한다. 나의 고운 손과는 대조된다. 세월과 고생의 흔적이 고스란히 전해진다.

나는 두 손으로 할아버지 손을 잡고 인사한다.

6

부동산 사장님이 투명 파일에 계약서를 넣어주신다.

나는 부동산 사장님과도 인사를 하고 나온다.

끝났다.

내 등은 젖어 있다.

30분 동안 얼마나 긴장을 했는지 계약서 파일이 부들부들 떨린다. 내 팔과 손이 떨린다는 뜻이다.

생각해보니 부모님과 상의도 하지 않았다. 다 필요 없고 지금 생각나는 게 한 가지 있다.

밥이다.

다시 부동산 사무실로 들어간다.

"사장님, 여기 근처에 백반집 있어요?"

"여기 가봐요. 괜찮을 거예요."

냉장고에 붙어 있던 것을 떼어서 나에게 주신다. 근처에
있는 기사식당이다. 오늘만큼은 축제를 하고 싶다.

식당에 도착한다. 오래되어 보이는 간판이다. 믿음이 가는
클래식한 간판이다. 식당 문을 열고 들어가니, 이 동네 주
민들처럼 보이는 사람들이 있다. 맛집이 맞나 보다.
사람들은 아무 말도 안 하고 먹기만 한다. 맛집이라는 확
신이 든다. 역시 사장님의 추천 식당이다.

벽에 걸려 있는 메뉴판을 본다.
된장찌개, 김치찌개, 부대찌개, 제육볶음…….
어렵다.
내가 진짜 무엇을 원하는지 차분히 정답을 찾아보자.
일단 선택지를 줄이자.
고기도 먹고 싶고, 국물도 먹고 싶다.
그래, 나는 지금 제육볶음이 제일 먹고 싶다.
그런데 최소 2인분 이상 주문이다.
그동안 3,000원짜리 외식만 한 나를 위해 선물을 주자.

"제육볶음 2인분이요."

1만 2,000원.

비싼 음식을 먹을 때는 근엄한 마음가짐으로 기다려야
한다.

몇천만 원 거래는 쉽게 하면서 몇 천원에 이렇게 생각을
많이 하다니.

하지만 이렇게 작은 것을 아꼈기에 종잣돈을 마련할 수
있었다.

그럼에도 내가 아끼지 않았던 비용이 있다. 딱 세 가지다.

첫 번째는 부동산 사장님들에게 드리는 소소한 선물.

두 번째는 시골길을 너무 오래 걸어서 금세 떨어져버리는
운동화를 사기 위한 신발값.

세 번째는 내 가슴과 머리를 채워주는 책값.

밑반찬이 나온다. 어묵, 두부, 김치, 그리고 내가 좋아하는
핑크색 소시지다. 마지막 그릇은 알록달록 다진 채소가 들
어간 계란말이!

주인공은 나중에 등장하는 법. 제육볶음이 등장한다.

조그만 뚝배기에 된장찌개도 따라 나온다.

상추와 깻잎, 청양고추와 양파도 나온다.

왕의 식사다. 오늘은 나의 입과 위장에게 사치 부릴 시간을 준다.

된장찌개의 호박은 푹 끓여졌는지 살살 녹아내린다.

뜨끈한 된장찌개 국물과 매콤한 제육볶음과 아삭한 상추와 짭짤한 어묵이 한데 어우러진다.

맛있다. 너무 맛있다. 환상적인 맛이다.

마치 나의 피아노와 드럼, 베이스, 이 세 개가 합쳐져 아름다운 음악을 만들어내듯이.

국물까지 싹 다 정리하고 식사를 끝낸다. 이 땅의 탄수화물의 정기를 모두 받았다.

식사를 마치고 등을 뒤로 기댄다.

계산을 하고 밖으로 나온다.

제육부장관을 만나고 나온 기분이다.

반찬부장관을 만나고 나온 기분이다.

국방부장관, 교육부장관, 외교부장관들은 무릎을 꿇어야

한다.

여기 제육볶음과 친구들 앞에서는 모두가 평등하다.

집으로 바로 갈까 하다가 계약한 땅 현장으로 간다.

땅을 밟아본다. 엉덩이가 닿지 않게 쭈그려 앉는다. 흙을 한 줌 잡는다. 냄새를 맡는다. 농사에 완전 무지하지만 비옥한 토양 같다. 여기서 자라는 벼들은 윤기 흐르는 쌀을 품을 것 같다.

집에 도착한다. 책상 앞에 앉는다. 프린트한 온갖 자료들이 수북이 쌓여 있다. 그동안 읽었던 책들도 수북이 쌓여 있다.

계약서 파일을 다시 들여다본다.

해냈다. 나도 할 수 있다.

멀게만 느껴졌던 것들이 하나씩 이루어지고 있다.

계약서 파일을 빌어먹을 토익 책 옆에 끼워 둔다.

이렇게 나의 첫 계약이 성공적으로 이루어졌다.

7

몇 달 뒤, 두 번째 계약을 했다. 여러 모로 쉽지 않은 계약이었다.
토지 주인이 계약서에 금액을 낮게 써주면 본인도 양도세를 적게 내고 나도 취득세를 적게 낸다고 했다.
말로만 듣던 다운 계약서다.
혹하는 제안이었다. 흔들리지 않았다면 거짓말이다. 돈 한 푼이 아쉬워 삼각김밥에 치킨마요 덮밥을 물리도록 먹었던 나에게는 머리가 아찔하도록 유혹적인 제안이었다.

그러나 넘어가지는 않았다. 나같이 저공 비행하는 인간이 정직, 신뢰, 윤리 같은 기본적인 것조차 지키지 않는다면 나는 그냥 추락하는 비행기에 탄 것과 다름없다. 이것은 절대 양보할 수 없는, 나에게 마지노선 같은 것이었다.

그 자리를 박차고 나올까도 생각했다. 하지만 계약을 성사시키는 것이 나의 목적임을 잊어서는 안 됐다. 감정이 앞서서는 안 됐다.
토지 주인에게 "그럴 수는 없다"라고 말하자 그도 알겠다며 정상 계약서를 작성하자고 했다. 그냥 한 번 떠본 듯한 느낌이었다. 시험 하나를 통과한 기분이었다.

다른 계약 자리에서도 희한한 조건들을 거는 사람들이 있었다. 그러나 매번 나는 선을 지켜냈다. 비록 그게 나에게 유리하게 작용할지라도 내 양심을 지키고 싶었기 때문이다.

그렇게 서서히 투자를 늘려나갔다. 나의 불찰로 좋은 매물을 놓치기도 했다. 시세보다 싸게 판 적도 있고 반대로 비싸게 산 적도 있었다.
그런 계약을 한 날에는 어김없이 밥을 굶었다. 왜 이런 실수가 있었는지 관련 자료를 모두 출력했다. 배고픈 상황에서 자료들을 눈이 빠지도록 읽고 또 읽었다. 이런 과정에서 매번 배우는 것은 투자는 사는 게 끝이 아니라 사는 게 시작이라는 사실이다.

또 한 번은 계약하러 가는 길에 버스 안에서 잠이 들었다. 깨어보니 반대 방향으로 가는 버스였다. 부동산 사무실에 전화해 늦어서 죄송하다고 말을 했지만 매도자는 계약을 하지 않겠다며 이미 자리를 떠났다고 했다. 시간이 늦었지만 부동산 사장님께라도 죄송하다고 인사를 드려야 했다.

다시 반대 방향 버스를 타고 부동산중개소에 도착했다. 가는 길에 동네 과일 가게에 들러 바나나와 복숭아를 사서 사장님께 드리고 이런저런 이야기를 나누니 시간이 늦었다. 집에 돌아가는 버스는 끊긴 뒤였다.

집까지는 약 40킬로미터. 실수로 계약을 하지 못했으니 나는 벌을 받아야 했다. 택시를 탈 자격이 없다.

걷기로 했다. 가로등이 띄엄띄엄 있다. 어둡다. 이쪽으로 가는 게 맞는지조차 모르겠다. 진흙이 신발 안으로 스며들어 질퍽거렸다. 바지가 젖었고 다리가 무거워졌다.

길을 걸으며 한 가지 생각만 했다.

오늘의 나보다 더 독한 사람이 있다면 옆으로 지나가는 트럭이 나를 치고 지나가도 좋다고.

이렇게 결심한 다음부터 나는 답사를 가기 전에 항상 책상과 이불과 옷장을 정리하고 나온다. 언젠가 나태해지는 순간이 찾아와 내가 트럭에 치어 세상을 떠나게 된다면 그때 부모님에게 깔끔한 모습으로 기억되고 싶기 때문이다.

저녁에 출발한 여정은 이튿날 오전이 되어서야 끝이 났다. 집에 도착해 화장실에 들어간다. 거울을 본다. 거지꼴이 되어 있다.

그런데 이상하다. 잘생겨 보인다. 멋있어 보인다. 나 자신이 대견하다. 평생 거울을 보며 한숨만 쉬게 했던 내 얼굴에서 빛이 나는 순간은 처음이었다.

밤새 걸어왔지만 집에 와서 잠을 자지 않았다. 원래 잠잘 시간이 될 때까지 버텼다. 앉아 있으면 졸릴까봐 최대한 서 있었다. 주의하지 못한 자신에 대한 채찍질이자 일종의 벌이었다. 경고였다.

같은 실수를 반복해선 안 된다.

지금 이 고생은 어떠한 형태로든 긍정적인 결과로 돌아올 것이라 믿으며 나 자신을 갈고닦아 나갈 것이다.

모아놓은 수천 장의 자료들을 결국에는 다 보았다. 다 못 보는 건 아닌가 했는데 결국에는 해냈다. 이 많은 종이들을 전부 가지고 있을 수 없어서 요약본을 만들었다. 기말고사 공부하듯이 사례집과 이론서를 분류했다.

돌이켜보면 내 질투, 이기심, 욕망이 결국 나를 움직이는 동력이 된 것 같다. 이런 욕망을 남을 해하는 데 쓰지 않고 나의 발전을 위해, 내 삶을 업그레이드하는 방향으로 온전히 돌릴 수 있다는 것을 이제는 확실하게 안다. 그리고 그 방향키는 오직 나만이, 나 자신이 쥐고 있다는 것도 이제야 분명하게 깨닫는다.

기나긴 과정이 지나면 결실은 어느 순간 찾아온다.
덥고 더운 여름이 가고 비가 시원하게 오면, 갑자기 가을이 온다.
추운 겨울이 가고 비가 시원하게 오면, 갑자기 봄이 온다.

그리고 모든 꽃은 각각 피는 계절이 있다.

오피스텔 < 월셋집 < 자가

1

1년이 지났다.

나는 결혼을 했다. 15평짜리 오피스텔에 산다.

결혼하고 한 달쯤 지났을 무렵, 나는 재즈바를 그만두어
야겠다고 결심했다.

주말 저녁 시간을 아내 혼자서 둘 수는 없다. 사장님도 내
아내를 잘 알고, 내 사정도 잘 안다. 정중히 말씀드린다.

리더인 베이시스트 편의점 사장이 오늘은 쉬지 말고 쭉
달리자고 한다. 아쉬움이 느껴지는 걸 보니 그동안 정이
들긴 들었나 보다. 알고 보면 나쁜 사람은 없는 것 같다. 우
리 밴드는 중간에 5분 정도만 쉬고 5시간 동안 여태까지

했던 모든 곡들을 연주했다.

사장님이 베이스와 드럼을 내려 보내고 나에게 독주 기회를 주신다. 사장님이 말씀하신다.

"해봐. 네가 제일 잘하는 거."

내가 가장 자신 있는 곡은 자살 시도에 실패하고 나서 처음 연습했던 곡이다. 내가 처음으로 무언가에 집중하고, 즐거움을 느끼며, 내 가치를 인정하게 만들어준 곡.

앞에서 가장 잘 보이는 자리에 아내가 앉아 있다. 눈 인사를 하고 연주를 시작한다.

연주가 끝나고 나는 녹초가 된다. 키보드를 붙잡고 겨우 일어난다. 손님이자 관객들에게 인사를 한다.

아내가 꽃을 들고 있다.

꿈은 아니겠지.

상상은 아니겠지.

아내가 꽃을 건넨다. 꽃 향기가 나는 걸 보니 꿈이 아니다. 현실이다.

정말로 마지막이다. 나도 할 수 있다는 희망을 가질 수 있었던 곳이다. 누군가와 손발을 맞춰보며 연주할 수 있었다. 다른 생각 안 하고 한 가지 일에 집중할 수 있게 해주었다. 종잣돈 마련에 큰 도움이 되기도 했다.

베이시스트 편의점 사장이 와서 나를 안는다.
"고생했다. 미안하고. 고맙고. 편의점이나 여기나 아무 때나 놀러와. 맛있는 거 사줄게."

재즈바 사장님은 나에게 봉투를 주신다. 마지막 월급이다.
"좀 더 넣었어. 제수 씨하고 맛있는 거 사 먹어. 고마웠다. 그리고 너 처음 봤을 때 더 이상 내려갈 곳이 없는 사람처럼 보였어. 돈 벌기 위해서 온 게 아니라 살기 위해서 키보드 치는 사람 같았는데 많이 좋아진 것 같아서 다행이다."

내가 남의 감정을 대충 알 수 있듯이 남들도 나를 대충은 알 수 있다는 것을 이제야 알 것 같다. 정신질환자, 아니다, 주의력결핍 과잉행동장애인 나를 믿고 고용해준 사장님은 나의 은인이나 다름없다.

눈물이 난다. 벌겋게 달아오른 눈과 귀를 보이기 싫다. 실내가 어두워서 다행이다. 애써 입꼬리를 끌어올리며 인사를 하고 아내와 함께 나간다. 밖에서 본 재즈바의 간판은 화려하게 그 자리를 지키고 있다.

늘 시궁창에서 혼자였던 나에게 처음으로 소속감이라는 것을 알게 해준 곳. 떠나게 되니 더욱 알게 된다.
그동안 본 책에 등장한 인물들, 중요한 순간에 손을 내밀어준 사람들 모두가 나의 동료이자 선후배이다.
이순신 장군, 세종대왕은 나와 한 팀이다.
빌 게이츠, 스티브 잡스는 나와 한 팀이다.
부동산 사장님들은 나와 한 팀이다.
아버지, 어머니는 나와 한 팀이다.
아내는 나와 한 팀이다.
나는 그들에게서 소속감을 느낀다.

어떤 집단에 '회원 가입'을 해야만 소속이 되는 게 아니다.
내가 마음속에 동그라미를 그려 그룹을 만들고, 각 분야의 사람들 이름을 채워 넣으면 그게 소속이 된다.
결국 소속은 내가 결정하고, 내가 만들어가는 것이다.

2

5년이 지났다.

그동안 나는 대리로 진급했고, 후배들도 생겼다. 사람들은 나를 송 대리라고 부른다. 팀장도 여러 번 바뀌다가 자료 작성의 달인으로 불리는 김 부장님이 지금의 팀장이되었다.

김 부장님이 오늘 건강검진으로 휴가를 썼다. 회사에서 지원해주는 건강검진이다. 건강검진을 받는 날만큼은 회사에 감사하다. 내 건강을 걱정해주는 것만 같다.

점심을 먹고 믹스커피를 마시러 휴게실로 간다. 소파에서 누군가 낮잠을 자고 있다. 김 부장님이다. 분명 오늘 건강검진이라고 했는데.

구겨진 셔츠에 이쪽저쪽으로 뻗친 머리, 입술 근처에는 침자국이 있다.
대단하다. 수면내시경으로 몽롱할 텐데 좀 쉬면 안 되나.
김 부장님도 팀원들이 자신을 이해하지 못한다는 것을 알지만 팀장으로서의 책임감이나 임원들에게서 받는 압박감 때문에 어쩔 수 없이 나오는 게 아닐까. 이해가 안 되면서도 이해가 된다.

주변 사람들이 아마도 나를 비슷하게 바라볼 것 같다. 고등학교 때 안 하던 공부를 지금에서야 하냐고, 쉬라고 있는 게 주말인데 뭘 그렇게 보러 다니냐고. 실제로 그런 말을 자주 듣는다.

나도 여가시간에는 안락한 집에 있고 싶다. 하지만 이런저런 핑계를 대며 내려놓고 싶지만 나태했던 과거의 나로 돌아가기는 싫다.

자녀가 자랐을 때 내가 이룬 결과물을 보여주고 싶고, 무슨 일이 있었는지 이야기해주고 싶고, 커가면서 어떤 생각과 자세로 살아가야 하는지 최소한의 가이드를 해주고 싶다. 그러려면 나뿐만 아니라 가족들까지 일정 부분, 아니 중요한 부분에 대한 어느 정도의 희생과 포기가 있어야 한다.
우리 가족 모두가 했던 희생과 포기의 결과가 결코 헛되

지 않아야 하기에 나는 오늘도 헐거워진 운동화 끈을 풀
어 꽉 묶고 현관문을 열고 또 다른 일터로 나선다.

나는 오늘도 꽤 괜찮은 놈이 될 것이다.

3

나는 월세로 신혼을 시작했다.

전세금은 최소 1억 원은 있어야 한다. 1억이면 종잣돈이다.
재계약시 1억 2천으로 올릴 수도 있다. 그러면 2천만 원을
또 넣어야 한다. 모은 돈을 계속해서 올라가는 전셋값으
로 넣어야 한다. 은행은 미미한 이자라도 받지만 전세금은
이자조차 없다.

종잣돈을 모아 그 돈을 불려야 하는데, 전세금은 그저 보
관하는 용도에 지나지 않는다. 인플레이션을 생각하면 보
관이라 말할 수도 없다.
월세 50만 원이 1년이면 600만 원이다.
10년이면 6천만 원이다.

하지만 10년간 아파트나 땅이나 6천만 원은 넘게 오른다.

그래서 나는 월세를 선택했다. 아내도 동의했다. 사람들은
월세는 매달 나가는 돈이 아깝다고, 돈을 모을 수 없다고
생각한다. 대신 보증금도 낮고 월세가 좀 싼 곳에서 살면
된다.

그래도 내가 어릴 때 살던 집보다는 훨씬 좋다. 화장실도
안에 있고, 비도 새지 않는다. 문도 잘 잠긴다. 둘이 살기에
는 좁긴 하지만. 만족과 불만족이 공존하는 집이다.

4

**사실 그동안 땅을 사면서 가장 큰 걸림돌이었던 것은 장모님의
반대였다.**

장모님은 집을 사야지 왜 땅을 사냐고 하셨다. 내가 아무
리 설명을 드려도 어른들은 집이 최고다. 어쩌면 딸이 집
도 없이 이사 다니는 게 속상하셨을 수도 있다.

그래도 나는 아내를 설득하여 땅을 샀다. 양가 부모님께

는 더 이상 우리 투자와 경제 사정에 대해 말씀드리지 않기로 했다. 무슨 말씀을 드려도 걱정만 하시기 때문이다.

사실 집이 없으니 매번 보증금과 월세를 조율하는 데에 신경이 많이 쓰인다. 계약 기간은 2년인데 1년이 지나면 머릿속에서 이따금씩 계약과 이사 문제가 떠오른다.

이사 다니는 것도 힘들고 비용도 만만치 않다. 아이가 어린이집을 다니고 유치원을 다닐 때가 되니 벌써 초등학교가 눈에 들어온다. 나처럼 여러 번 전학을 다니게 하기는 싫다.

마침내 아파트를 매수하기로 아내와 계획을 세운다. 땅에 비해 아파트는 비교적 간단하다. 답이 나와 있다.

실거래 매매가도 나와 있고, 전세가와 월세가도 명확하게 나와 있다. 지하철역과의 거리도 명확하고, 학교와의 거리도 지도를 보면 알 수 있다. 내 눈에는 마치 교과서를 펴놓고 시험을 보는 것과 같다.

토요일 아침, 아파트 매물을 올려놓은 부동산으로 간다. 지하철에서 내린다. 이어폰을 끼고 노래를 흥얼거린다. 저 멀리 정해놓은 아파트가 보인다. 음악 소리에 맞춰 기분 좋게 길을 걷는다.

빠아아아앙.

"으악!"

흙을 가득 실은 덤프트럭이 내 바로 옆으로 빠르게 지나간다.

깔릴 뻔했다. 죽을 뻔했다.

순간 신발에 진흙을 감고 밤새 추적추적 걷던 그날이 생각난다.

내가 지금 무슨 생각을 하는 거지?

이 거만함과 나태함은 대체 어디서 나온 거지?

정신이 번쩍 든다. 저 트럭에 깔렸어도 나는 할 말이 없는 사람이다.

휴…… 그래도 아내도 있고 자식도 있는데…….

심장이 쿵쾅쿵쾅 멈추지 않는다.

나는 분명 방심하고 있는 게 맞다.

절대 쉬운 게 아니다.

내가 놓치고 있는 것이 분명히 있다.

이럴 때 생각나는 사람이 있다.
부동산 박 사장님이다.
아파트를 보러 가려던 발걸음을 돌려 박 사장님을 만나러
간다.

5

버스를 타고 박 사장님을 만나러 가는 길은 늘 기분이 좋다.
한편으로 어떤 질문을 던질지도 고민이 된다. 박 사장님에
게 질문하고 답을 듣고 모르는 문제를 같이 의논하다 보
니, 이제는 질문이 서로 깊이 있는 의견을 교환하기 위한
중요한 시작점임을 깨달았다.

오늘도 흙탕물 범벅인 벤츠 S클래스가 대각선으로 주차되
어 있다.
"사장님, 안녕하세요!"
"어, 왔어? 이제는 자네가 안 오면 이상해, 하하. 귤 먹어.

엄청 달아."

나는 귤을 받아 껍질을 까며 말한다.

"제가 집을 사려고 하는데요. 토지만 보다가 집을 보는데 뭔가 제가 놓치고 있는 것 같기도 하고요. 실거래, 전세가 이런 것도 보고 역세권, 초등학교 거리 같은 게 다 나와 있는데 이게 전부인가 싶어서요."

"자네 아직 집이 없었어? 집이나 땅이나 같은 부동산인 건 맞지만 다른 부분이 당연히 있지. 땅은 이미 공급이 되어 있으니까 바다를 메우지 않는 이상 늘어나지 않잖아."

"네."

"집은 지어야 집이지. 누군가 지어야 해. 들어가서 살 수 있어야 해. 사람이 논바닥에서 잘 수는 없잖아?"

이해가 되는 듯싶으면서도 이해가 되지 않는다.

"자네 같으면 판자촌 같은 데서 살 수 있어? 요즘 세상에?"

어릴 때 살던 집이 생각난다.

못 살겠다.

"아니요. 못 살 것 같아요."

"그래. 땅은 근본적으로 공급 부분에서 어떻게 할 수 없는 부분이고, 수요는 오르락내리락하는 거지. 그런데 주택 공급은 사람이 어떻게 할 수 있는 부분이잖아. 그러니까 수요랑 공급을 같이 봐야지."

아, 이제 조금 이해가 된다.

"공급은 새로 짓는 집과 이미 지어놓은 집의 주인들이 부동산에 내놓는 매물들이야. 새로 짓는 집이 없고, 집주인들이 매물을 안 내놓으면 공급이 확 줄어드는 거고, 분양을 많이 하고 입주 물량이 많거나 팔려는 매물이 많으면 공급이 늘어나는 거고."

"네, 그렇죠."

"판자촌 얘기는 왜 한 거냐 하면 주택보급률이 사실 100퍼센트가 넘어. 그런데 여기에 판자촌까지 계산하면 안 된다는 거지."

"아, 네……."

"그리고 집은 땅 파고, 기초공사 하고, 뼈대 올리고, 인테리어 하는 데 시간이 걸리잖아. 분양하고 사람이 들어갈 수 있을 때까지 얼마나 걸리는지도 봐야 해. 그리고 재개발 재건축은 조합설립부터 입주까지 최소 10년이야. 처음에는 5년 만에 끝낸다고 말은 하지만 그게 그렇게 되나. 중간에 소송하고 난리도 아닌데. 그런 것도 봐야 하고. 집은 땅과 다르게 신경 써야 할 부분이 많아."

"아…… 네……."

"자네 너무 땅 공부만 했어. 집 공부도 해봐. 같은 세계인 것 같지만 다른 세계야. 공급 말고도 다른 점들이 더 있으니까 자네가 스스로 공부하면서 찾아봐. 그런 거 잘하잖아, 공부하는 거."

역시 다른 부분이 있다. 내 손에 들린 귤껍질과 박 사장님 테이블 위에 쌓여 있는 귤껍질들을 한데 모아 쓰레기통에 버린다.

"사장님, 그런데 지금 집을 사도 괜찮은 타이밍인가요?"

"이 바닥에 있으면서 깨달은 재미있는 사실 하나 말해줄까? 주식이나 부동산이나 시세가 빠질 때는 신문이나 TV에서 마치 나라가 망할 것처럼 얘기해. 경제가 침몰할 것 같으니 안전벨트 단단히 매고 있으라고 말야. 그런데 웃긴 건 지금이 기회라는 말은 절대 하지 않아."

"아, 생각해보니 정말 그러네요."

"뉴스를 보고 기회라고 생각하는 사람과 움츠러드는 사람은 평소에 준비가 되어 있는 사람과 그렇지 않은 사람의 차이지. 요즘 뉴스에 부동산 얘기 많이 나와?"

"아니요. 거의 못 본 거 같아요."

"뉴스에서 안 나온다는 것은 사람들이 별 관심 없다는 뜻이야. 무슨 투자든 간에 아무도 관심 없을 때 조용히 하는 거야. 지금 타이밍 괜찮다고 봐, 나는. 그런데 얼마짜리 사려고?"

"수중에 현금이 별로 없어서 적당한 거 보고 있어요."

"그래. 너무 무리해서 사지는 마. 우리 흔히들 집이 은행 거라고 하잖아. 대출받아서 집 사면 집 주인은 은행에 이자를 내지. 그러면 그 집으로 돈 버는 사람은 누구겠나?"

"은행이겠네요."

"명의는 집 주인인데 현금 흐름은 은행으로 가. 그 집에서 이자가 나오든 뭐가 나오든 아무튼 은행으로 돈이 흘러들어가니까 실질적으로 그 집은 은행자산이지."

"네……. 좀 헷갈리긴 하는데요. 그런데 이자보다 집값이 더 많이 오르면 그게 집주인한테 이득 아닌가요?"

"집값이 오를 때야 그렇지. 만약에 집값이 오른다고 해도 세금, 이자 감당하느라 모으는 돈이 줄거나 없어지면 그건 자산의 역할을 못한단 말이지. 만일 집값이 올라서 팔고 시세차익을 봤어. 시세차익이 이자와 세금, 인플레이션보다 크다면 자산투자로서 성공한 건데 그런데 그 이후가 중요해. 더 큰 집으로 가서 더 많은 이자와 더 많은 세금을 내기에 급급하다면 그게 자산인지는 한 번 생각해봐야 한다네. 사람들이 집 한 채 사고 시세가 오르면 그게 끝인 줄 안다니까? 화폐가치가 하락한 거라고는 생각 못해."

"집을 소유하는 게 무조건 정답은 아니라는 말씀이신가요?"

"집이 있으면 이사 다니지 않는 안정감이라는 장점은 있지만 소득에 비해 너무 무리해서 사면 집을 모시고 살다가 인생 다 갈 수 있지. 요즘 더 좋은 집으로 이사하는 게 목표인 것 같은 사람들이 많이 보여. 소득에 비해 너무 무리한 대출을 받는 건 반대야. 특히 소득이 하나만 있는 월급쟁이들한테는 말이야. 그 월급이 갑자기 끊기면 어떻게 하려고. 분수에 맞게 살라는 옛말이 틀린 말이 아니라니까.

저기 밖에 있는 내 차는 자산일까 부채일까?"

"차는 당연히 부채죠."

"그런데 저 차를 자산으로 바꿀 수도 있어."

"네? 어떻게요? 튜닝해서 더 비싸게 파나요?"

"하하, 튜닝한 걸 신차보다 누가 비싸게 사나? 그건 아니고. 저 차를 렌트를 해서 거기서 수익을 발생시키면 자산이 되는 거지. 돈을 벌어주니까. 대신 저 차의 감가상각비보다 수익이 더 높아야겠지."

"그렇게도 될 수 있겠네요."

"내 말은 무조건 자산인 것도 없고, 무조건 부채인 것도 없단 얘기야. 소유한 것들을 어떻게 자산으로 만드느냐가 실력이란 거지. 그런데 저 차는 팔아버릴 거야. 너무 과해. 무슨 세단의 왕이라고들 하는데 나한테는 기름 먹고 돈만 먹는 왕이지. 한 지붕 아래 왕이 두 명이면 되겠어?"

"저 차 말고 또 다른 왕은 누군데요? 사장님인가요?"

"아니. 부동산에 오는 자네 같은 사람들. 점심이나 먹자."

"매일 얻어먹는 것 같아서 죄송해요. 그럼 이번에는 제가 살게요."

"나는 자네랑 얘기하는 게 재미있어. 나 젊었을 때 모습 생각도 나고. 그리고 밥도 혼자 먹는 것보다 둘이 먹는 게 낫잖아?"

"네. 저야 감사하죠, 항상."

박 사장님은 냉장고에 잔뜩 붙은 스티커를 뒤적이더니 주문을 하신다. 항상 느끼는 거지만 밥 주문을 할 때 3,000원, 4,000원에 벌벌 떨던 나와는 다른 모습이다. 경제적 자유를 달성한 사람이라서 그런가. 아직까지 일하시는 걸 보면 그런 것 같지는 않은데. 말이나 행동을 보면 굉장히 자유로워 보인다.

"사장님, 사장님은 경제적 자유를 이루지 않으셨나요? 이 일은 왜 계속하시는 거예요?"

"하하, 경제적 자유라……. 나도 젊었을 때는 돈 많이 벌어서 마음껏 쓰고, 좋은 데 살고, 좋은 거 입고, 좋은 차 타는 게 경제적 자유인 줄 알았어. 그런데 지금은 생각이 좀 달라졌어. 돈이 많아도 돈에 스트레스 받고, 더 벌기 위해 본인이 하고 있는 일에 구속된다면 그건 그냥 재정적으로 여유로울 뿐이지 진짜 자유로운 상태가 아니더라고. 그래서 생각해봤지. 경제적 자유가 뭘까, 하고 말야. 진짜 경제적 자유는 말이야. 재정적인 여유와 정신적인 자유가 합쳐져야 해. 그게 진짜 경제적 자유라고 봐. 햇살 좋은 날에 차 한잔하면서 미래에 대해 생각할 수 있는 여유, 돈 걱정 없이 가족과 보내는 행복한 일상, 가까운 친구들과 함께하는 소중한 추억. 그런 게 진정한 경제적 자유가 아닐까 싶어. 자네 생각은 어때?"

박 사장님은 내가 생각하고 있던 돈과 경제에 대한 관념을 넘어서는 말씀을 하셨다. 그저 60억이라는 큰돈을 보상받은 아버지 친구가 부러워서 지금껏 내달려온 내가 부끄러워지는 순간이었다.

"자네는 처음 볼 때부터 자세가 된 친구였어."
"네? 무슨 말씀이신지……."
"자네는 약속 시간보다 항상 20, 30분을 일찍 도착했어. 그렇다고 내 사무실로 바로 들어오지도 않고 저 멀찌감치에서 기다리고 있었지. 내가 불편해할까봐. 다 봤어. 시간을 지킨다는 건 결국 신용을 쌓아간다는 것이거든. 부모님께 감사하다는 말 해봤나?"

"아니요. 부끄러워서 그런 말 못해요."

"집에 들어가면서 전화로 잘 키워주셔서 감사하다고 말씀 드려. 자네를 보면 언행의 기본이 아주 잘 잡혀 있다는 느낌이 들어. 그런 건 어릴 때부터 부모님으로부터 올바른 습관을 보고 배웠고 가정교육을 제대로 받았다는 뜻이거든."

"감사합니다."

"사업이든 투자든 직장이든 모든 것의 기초는 예의와 매너야. 한마디로 덕(德)에서 출발해야 한다네. 그게 없으면 아무리 큰 업적을 세워도 결국에는 콩밥 먹게 되어 있어. 누군가를 밟고 올라가서 성공해야 한다거나 저 사람이 나보다 잘난 것을 인정하기 싫어서 상대를 누르고 잘돼야 한다거나 하는 식으로는 절대 경제적 자유를 얻을 수 없지."

"네……."

"어떻게 법 사이를 비집고 들어가서 이득을 볼까, 어떻게 해야 남이 좀 피해를 보더라도 나에게 돈이 될까, 이렇게 살면 절대 안 돼. 모두에게 좋은 방향을 찾아야지. 그렇지 않으면 화살은 자신에게 돌아오게 되어 있어. 사람들이 그걸 몰라. 그걸 통제할 줄 아는 게 경제적 자유의 첫 번째 원칙인 정신적 자유야. 덕을 갖추고 자신의 원칙을 지키는 힘이지. 이게 재정적 여유보다 우선이라고 봐. 그래서 경제적 자유의 첫 번째 원칙이라고 얘기한 거야."

알 것 같으면서도 모르겠고 또 모를 것 같으면서도 알 것 같다.

"앞으로 차차 경험하게 될 거야. 재정적 여유는 정말 마음만 먹으면 어떻게든 이룰 수 있다네. 그런데 그때마다 자신의 기준을 흔드는 순간들이 계속 찾아올 거야. 그때 필요한 게 정신적 자유라는 원칙이야. 자네는 잘할 수 있을 거라고 믿어."

재정적 여유, 그보다 더 중요한 정신적 자유, 그리고 이것을 합한 궁극적인 목표. 경제적 자유.

내가 왜 돈을 벌어야 하는지, 본질에 대해서는 생각해본 적이 없다. 본질은 책을 통해 머리로 습득할 수 있는 것이 아니라 체험을 통해 깨달아야 하는 것이다.

6

주택에 대해 공부할 시간이다.

주택의 흐름을 결정하는 것은 무엇일까. 우선 대학교 전공인 경제학에서 배운 수요공급 그래프, 수요와 공급부터 봐야 할 것 같다.

공부를 하면서 가장 확실했던 것은 주택 공급이 줄어들고 있다는 것이다. 특히 서울은 재개발, 재건축이 아니면 지을 땅이 없는데 쉽게 진행이 되지 않고 있다. 분양 물량도 없다. 여기서 얻은 결론은 공급이 부족하다는 것이다.

시장에서 돈의 흐름에 영향을 주는 정부 정책도 살펴야한다. 미국은 금리를 내리고 있고, 그에 맞춰 우리나라도 금리를 내리고 있다. 저성장 국면에 접어든 우리나라 역시 저금리 기조가 한동안 유지될 것 같다. 이는 대출이 수월해진다는 뜻이고, 이자 부담이 줄어든다는 의미이다.

봐둔 아파트 말고 다른 곳의 시세도 같이 본다. 매매가와 전세가 흐름도 꽤 의미가 있다. 전세가가 매매가를 밀어

올리는 곳도 있고, 전세가와 매매가가 상관이 없는 곳도
있다.

길 하나 차이로 시세가 확연히 차이나는 곳도 있다. 나 같
으면 당연히 저렴한 것을 살 텐데 왜 차이가 나는 것일까.
지하철역도 같고, 근처 병원과 마트도 같은 범위에 있는데
왜일까.
다시 핸드폰으로 내가 서 있는 위치와 주소를 본다.
아, 주소가 다르다. 구도 다르고 동도 다르다.

박 사장님이 했던 말이 생각난다. 결국 사람이라고.
누군가 어디 사냐고 물어봤을 때 "무슨 구 살아요"라고 말
하는 것은 전세든 자가든 상관없이 마치 그 사람의 브랜
드 가치를 논하는 것과 같다.
그리고 배정되는 학교도 다르다. 조금 더 학구열이 높고
소득수준이 높은 동네의 학교를 보내는 것이 몇 억을 더
지불할 가치가 있다는 게 매매와 전세 실거래가에서 드러
난다. 김치찌개 안의 돼지고기 같은 개발 압력이나 피자를
자르는 듯한 도로 개통과는 또 다른 영역이다.

자료를 계속 조사하다 보니 집값이라는 게 수요공급과 무조건 일치하지 않고 금리, 환율과도 맞아떨어지지 않는다. 뭐지? 무슨 중요한 요소가 더 남아 있는 거지?

나와 가장 친한 친구이자 증권사에서 일하면서 아파트 투자를 하고 있는 설렌 버핏에게 물어봐야겠다.

"어이, 송 대리. 무슨 일이야? 버거 먹자고?"

"집을 알아보고 있는데 궁금한 게 있어서. 퇴근 후에 뭐 해? 너 있는 데로 갈게."

"여의도로 온다고? 음…… 여의도는 바스 버거지. 7시까지 와."

7

여의도는 바스 버거라니 기대가 된다.

벌써 배가 고파온다. 설렌 버핏을 만나 주문을 하러 들어간다. 메뉴판을 보니 '탐욕 버거'라고 있다. 내가 그동안 버거를 대하는 자세는 근엄함과 존엄성이라 생각했지만 사실은 탐욕이었다는 것을 메뉴판을 보고 깨달았다. 주저

없이 탐욕 버거를 선택한다.

"네가 여의도까지 무슨 일이야?"

"요즘 집에 대해 공부하고 있는데 말이야. 시세의 흐름에
서 수요공급이 중요한 것 같긴 한데 딱 들어맞지는 않는
것 같아서."

"또 뭐 봤어?"

"또…… 금리, 환율, 재개발 재건축 진행 상황…… 뭐 그
런 거?"

"통화량은 봤어?"

"어? 아니."

"음…… 나는 통화량이 첫 번째 요소라고 봐. 이유는 민간
에 공급된 통화는 분명 어딘가로 흘러가는데 대부분 주
식, 채권, 부동산으로 가거든. 그래서 세 개 중 하나 이상
의 가격을 올릴 수 밖에 없어."

"역시 증권맨의 시각은 새롭구나. 통화량은 책에서 본 적
은 있는데 따로 공부를 해본 적은 없네."

"그리고 소득 증가도 봐봐. 소득 상승에 비해 집값 상승은
어땠는지."

"아…… 소득."

"어느 지역의 전세가율이 예를 들어 90퍼센트가 넘어. 그것만 보면 마치 갭이 적어서 투자하기 딱 좋아 보일 수도 있는데 이삼십대 인구수가 줄고 있거나 일자리까지 줄고 있다면 그 지역의 통화량과 소득이 줄어든다는 뜻이겠지. 그 뜻은 더 이상 오를 가능성이 적다는 것이고, 혹시나 풍선효과로 오른다면 주변에 약간의 공급만 있어도 바로 빠질 가능성이 크다는 걸 의미해. 그런 수요가 얕은 곳은 피해야 하는데 요즘 보면 마구잡이로 사들이는 투기수요가 은근히 많아. 반대로 남들 다 살고 싶어하는 곳, 예를 들어 일자리가 넘쳐나고 인프라가 다 깔려 있거나 깔릴 곳인데 공급이 적은 곳, 그런데 거기에 통화량도 증가하고 있고 인구도 늘고 있다면 바로 답이 나오는 거지."

"어떻게 보면 당연한 거네."

"응, 당연한 거지. 수요라는 게 돈, 돈을 가지고 있는 사람, 돈을 쓰고 싶은 사람의 마음, 다시 말해서 돈, 사람, 심리, 이 세 가지가 합쳐진 것이거든. 돈이 많고, 사람이 많고, 쓰고 싶은 마음이 생길 만한 지역과 그 지역 아파트를 고

248

르면 되는 거야. 그런데 중요한 게 또 있어."

"뭐야?"

"내가 개인적으로 좋아하는 아파트보다 사람들이 좋아할 만한 아파트를 골라야 한다는 거."

"아……."

버거가 나온다. 이름대로 탐욕이 잔뜩 묻어 있다. 맛이 없을 수 없는 불변의 재료들이 빵과 빵 사이에 꽉 차 있다. 설렌 버핏이 한입 크게 베물고 말한다.

"소득 증가에 비해 집값이 너무 안 오르면 앞으로 오를 가능성이 크다는 거고, 너무 많이 오르면 조정받을 가능성이 크다는 거고. 늘어난 통화량 대비 안 올랐다면 오를 가능성이 크다는 거고, 통화량 증가 대비 너무 올랐으면 조정받을 가능성이 크다는 거고. 이렇게만 보면 단순한데 수요공급, 통화량, 경제 상황, 금리, 소득 등등 강력한 호재가 있는지 다 봐야지. 절대 하나 때문에 오르락내리락하지는 않아."

통화량, 소득, 경제 상황이라…… 토지보다 고려할 것들이 더 많은 것 같다. 머릿속이 복잡해진다.

"그럼 금리가 내리면 통화량이 많아지는 건 맞아?"

"금리가 내리고 대출이 많아져서 통화량이 늘어날 때 정부가 돈을 덜 풀어서 통화량 증가를 멈출 수도 있지."

"금리가 올라가면?"

"금리가 올라가서 대출이 줄어들고 시중 통화량이 회수되더라도 정부가 돈을 더 풀면 오히려 통화량이 늘어날 수도 있고. 결국 통화량이라는 게 총량이 중요해."

"아…… 어렵네. 나같이 머리 나쁜 사람은 이해하는 데 시간 좀 걸리겠다."

"엥? 나는 네가 투자하는 땅보다는 쉬운 것 같은데."

"시세라는 게 정확히 뭐야? KB지수를 봐야 하나?"

"그걸 봐도 되고. 실제 매매를 할 때 느낀 건데 시세라는 건 실거래가와 호가의 중간 어디쯤에 있더라고."

고등학생 때 토요일에 학교가 일찍 끝나면 라면에 스팸을 넣어 끓여주던 이 친구는 증권가에서 10년 넘게 근무하면서 내가 모르는 또 다른 세계에 대해 능통해져 있었다.

"그렇구나……. 아, 또 하나. 만약에 네가 집을 산다면 말이야. 초등학교가 100미터 떨어져 있는데 건널목을 하나 건너야 하는 곳. 또 하나는 200미터 떨어져 있는데 건널목을 안 건너도 되는 곳. 너 같으면 뭘 사겠어?"

"당연히 조금 더 멀어도 길 안 건너는 집을 사지. 물리적 거리도 중요하지만 심리적 거리가 더 중요해. 길 하나 건넌다는 게 부모한테는 얼마나 큰 불안인데. 불안을 6년 동안 안고 사느냐 아니냐는 진짜 큰 차이야. 물리적으로 가까워도 마음이 불편하면 그건 먼 거야. 괜히 '초품아'라는 단어가 생겼겠어? 아파트 투자하면 다 알게 돼. 어려운 건 아니야."

"또 하나, 어떤 아파트는 중심부랑 거리가 좀 있어. 근처에 지하철역도 없어서 교통이 썩 좋은 편은 아닌데 완전 새 아파트야. 커뮤니티도 좋고 구조도 완전 잘 빠지고 대단지에 유명 브랜드까지 갖췄어. 다른 아파트는 지하철역이랑 가깝고 차로도 어디든지 금방 갈 수 있는데 좀 구식이야. 그렇게 대단지도 아니고 재건축은 언제 될지도 몰라. 너 같으면 어떤 아파트를 선택할 거야?"

"음…… 지금은 새 아파트가 좋아 보일 수 있는데 20년 뒤를 생각해봐. 현재의 신축아파트는 20년차가 되어 있을 거고, 구식 아파트는 새로 지어진 신축이 되어 있겠지. 그런데 그 신축아파트가 입지까지 좋다면 시세 차이가 어떻게 될지 잘 알겠지? 아파트는 시간이 지날수록 낡아지지만 입지는 변함이 없잖아. 알면서 그래."

"그래도 새 아파트에 살고 싶으면?"

"입지 좋은 집은 전세를 끼고 사두는 거야. 그러고 다른 새 아파트에서 전세로 살면 되지."

"그러면 되는구나. 역시 똑똑한 놈."

나는 입에 묻은 소스를 휴지로 닦아낸다. 버거를 감싸고 있던 포장종이는 소스에 젖어 흐물흐물해져버렸다. 입에 있던 버거 조각을 넘기고 주제를 바꿔서 묻는다.

"너는 경제적 자유에 대해 생각해본 적 있어?"

"흠…… 경제적 자유라……. 어딘가에 고용되어서 발생하는 수입에 의지하지 않고 다른 수입만으로 자신이 원하는 삶을 누리는 것, 그런 게 아닌가 싶은데. 어딘가에 고용되어 있다는 뜻은 경제적으로 의지한다는 뜻이고, 그 말은 독립되어 있지 못하면서 동시에 자유가 없다는 의미니까."

"다른 수입이라면……."

"고용에서 벗어난 다른 형태의 소득에는 여러 가지가 있겠지."

"배당금이나 월세 같은 거?"

"그런 것도 있고 노후연금, 저작권, 각종 로열티 등등 많아. 그런데 많은 사람들이 육체적 노동 없이 버는 돈을 불로소득이라고 생각하는데 난 그렇게 생각 안해. 세상에 공짜는 없잖아. 쉬운 예로 길거리 자판기는 마치 모든 게 자동으로 돌아가는 것처럼 보이지만 실제로는 누군가가 재고를 실시간으로 파악하고, 물건을 채우고, 자릿세를 내고 있어. 보이지 않는 노력이 들어가는 거지. 어쩌면 아무것도 남지 않는 장사일 수도 있어. 세상에 쉬운 게 있겠어? 있다면 돈 쓰는 게 제일 쉽지. 재미있기도 하고."

"맞아."

"그런 시스템을 만들기 위해 얼마나 노력하고 고생하는지 모르는 사람들이 말을 쉽게 하더라고. 세상은 불공평하지만, 또 어떻게 보면 공평하기도 해. 출발선의 차이는 있을 수 있지만 결국에는 노력한 만큼 가져가잖아."

"그렇지. 그럼 말야. 어느 정도 금액이면 경제적으로 자유로울까?"

"음…… 그런 기준은 딱히 없는 것 같은데. 얼마나 어떻게 쓰면서 만족하느냐에 달려 있겠지. 그리고 당장 쓰는 것만 생각해선 안 돼. 미래에 대한 대비까지 생각해야지. 매달 300만 원 월세를 받으면서 200만 원으로 여유로운 생활을 할 수도 있을 거야. 언뜻 봐서는 경제적으로 자유로워 보여. 하지만 사실 그렇진 않아. 갑자기 지병이 생겨 병원비가 크게 들어간다든지 예기치 못한 이유로 목돈이 들어가는 것에 대한 대비가 되어 있어야 하거든. 그렇기 때문에 당장 눈앞의 300만 원에 의존하기보다는 하락하는 화폐가치와 만일의 경우까지 대비해 꾸준히 수입을 늘려야 진정한 의미에서 자유로울 수 있어. 다른 케이스로 매달 1천 만 원 월세를 받으면서 대출 이자, 각종 세금, 생활비로 1천 만 원 가까이를 쓴다면…… 어휴, 위태위태한 상황인 거고."

"내 생각도 그래. 건물주들 중에서도 적자 보는 사람들이 꽤 있더라고."

설렌 버핏은 고개를 끄덕인다.

"말이 길어졌네. 그나저나 집 사게?"

"응, 알아보는 중인데 네 의견이 궁금했어."

"입지 보고 사. 단순하게 생각해."

박 사장님이 말씀하신 입지다. 부동산은 아파트, 토지 할 것 없이 결국에는 입지다. 집의 시세는 하나의 요인으로 결정되는 것이 아니라 여러 가지가 복합적으로 작용해서 형성된다는 것을 오늘 또 한 번 확인하고 배운다.

나는 서점에서 통화량과 아파트 투자에 대한 책들을 찾아본다. 쉽게 설명이 된 책 몇 권을 사 온다. 두 번씩 정독한다.

정리를 해본다. 공급은 줄어들고 있다. 미국은 금리를 내리고, 우리 정부도 그에 맞춰 금리를 내린다. 정부는 돈을 계속 풀고, 통화량이 늘어나고 있다. 소득도 예전보다 늘어났다. 하지만 이상하게 시세는 몇 년간 횡보를 했다. 가까운 시일 내에 급격한 우상향 그래프가 예측이 된다.

8

집을 사기로 결정했으니 이왕이면 빨리 저렴하게 사고 싶다.

자산이라는 것은 시간과 비례하기 때문이다. 이상하게 시세도 몇 년간 횡보를 했다. 수요공급을 볼 차례다. 공급이 줄어들고 있다. 그것도 급격하게. 정부는 돈을 계속 풀고 있다. 미국은 금리를 내리고 우리 정부도 그에 맞춰 금리를 내린다. 이것만 봐도 가까운 시일 내에 가파른 우상향이 기대된다.

아내에게 이 부분을 설명한 후 함께 집을 보러 다니기 시작했다. 아내의 직장과 내 직장 중간 정도 위치, 역세권, 초품아, 미래 가치까지 고려하니 몇 군데가 추려진다. 그 중에서 우리 형편에 맞는 곳을 고른다. 형편에 맞는 곳이란 감당할 만한 수준의 대출을 끌어 다가 살 수 있는 곳이다.

자산이란 항상 가용할 수 있는 자금으로 비싸더라도 이왕이면 더 오를 여지가 높은 것을 산다. 오를 여지가 높다는 것은 그만큼 미래 가치가 있다는 뜻이다.

모두 책에서 배운 내용이다. 책을 통해 실제로 투자와 매매를 하면서 쌓인 경험에서 배운 내용들이다. 하지만 사채를 끌어 쓴다거나, 부모님이나 지인의 돈을 빌린다거나, 당장 내일 밥 먹을 돈까지 밀어 넣는다거나, 영혼까지 끌어서 자금을 마련하지는 않는다.

내가 먼저 아내에게 원하는 집에 대해 말한다.

"여보, 방은 네 개가 있으면 좋겠어."

"왜? 우리 식구가 세 명인데 세 개면 충분하지 않아?

"우리 방 하나, 아들 공부방 하나, 아들 침대방 하나, 그리고 서재 하나."

"그래? 서재도 있으면 좋지. 그러면 방 네 개짜리로 보자."

"그리고 너무 대형 평수가 없어. 죄다 84제곱미터 아니면 59제곱미터밖에 없어. 나 같은 집돌이한테는 너무 좁아. 그리고 내가 학생 때 공부하고 있으면 침대가 맨날 나를 불렀거든. 이리 와, 이리 와, 잠깐 쉬었다가 해, 한숨 자고 해. 그래서 아들 방은 침대방이랑 공부방이랑 분리해주고 싶어."

"하하하. 그랬어? 당신 지금 모습 보면 죽기 살기로 공부만 했을 것 같은데."

전반적인 공급량도 부족하지만, 그동안 대형 평수 공급이 너무 없었고 앞으로도 없을 것 같다. 실거주로서도 가치가 있지만 투자로서의 가치도 높아 보인다.

나와 아내의 돈을 합친다. 대출을 받는다. 그렇게 전세를 끼고 첫 집을 장만한다.

집을 산다는 것은 땅과는 또 다른 느낌이다. 더 재미있다. 실체가 있고, 사람들이 왔다 갔다 하고, 주변에 인프라도 있고, 내가 직접 거주할 수 있기 때문이다.

아파트에 대해 공부하다 보니 생각과 다른 점이 많다. 주택은 토지, 상가와는 별개라고 생각했는데 결국에는 다 연결되어 있다. 말 그대로 다 같은 부동산이다.

주택시장에 대해 더 공부한다. 토지보다 자료가 훨씬 더 많다. 순식간에 머릿속 용량을 넘어선다. 정보가 여기저기 넘쳐난다. 그만큼 사람들의 관심이 많다는 뜻이다.

인터넷에는 사기꾼들과 가짜 강사들이 판친다. 사람들의 불안을 자극하여 수익을 얻는 자칭 전문가들이 넘쳐난다. 그나마 다행인 것은 진짜 전문가와 가짜 전문가를 분별할 수 있다는 사실이다.

어설픈 전문가들은 복잡하게 가르친다. 복잡하게 설명한다
는 것은 본인의 머릿속에서도 정리가 안 되었다는 뜻이다.
진짜 전문가들은 간단 명료하게 가르친다. 핵심만 딱 집어
설명한다.

주택, 특히 아파트에 대해 계속 공부한다. 분명한 것은 바
로 지금부터 상승 불장의 초입이라는 것이다.
나는 우리 팀 사람들에게 집을 사라고 권유한다. 공부한
내용을 나누고자 좋은 마음으로 언질을 줬지만, 어떤 과
장은 내가 집을 샀으니 떨어질까봐 겁이 나냐고 조롱한다.
어떤 부장은 집값은 더 떨어질 것이라고 훈수를 둔다.

9

회사에서 나는 부동산 투자자로 알게 모르게 소문이 나 있다.
투자자라는 단어는 나에게는 어색하다. 나는 그냥 돈 모
으고 공부하고 사고 파는 것뿐이다. 이런 나의 모습을 싫

어하는 사람이 대다수다. 그래도 나에게 도움을 얻으려는
사람도 몇 명 있다.

40년 넘은 아파트에 살면서 불편을 호소하던 상사는 나와
따로 식사까지 하면서 궁금한 걸 물어보셨다. 마지막 남은
계란말이까지 양보하시는 걸 보고 확실히 대인배임을 알
았다. 이 분은 크게 되실 분이다. 나는 그 집을 끝까지 가
지고 가실 것을 조언해드렸다.

어정쩡한 입지의 아파트에 살고 있는 다른 상사에겐 지금
사는 아파트를 팔고 재개발 끝나고 짓는 신축 아파트 분
양권을 매수할 것을 권고했다.

나는 자산격차가 벌어질 것이 걱정되어 계속해서 주변사
람들에게 집을 사라고 설득한다.
왜 이런 오지랖인가. 조용히 아웃사이더로 지내던 사람이
갑자기 무슨 집 타령인가. 내가 생각해도 내가 이상하다.

회사 사람들 말고도, 고등학교 친구들에게도 집을 사라고
말한다. 땅을 사란 말은 하기 어렵다.

고등학교 친구와 땅을 보러 간 적이 있다. 그는 아파트 투자는 해봤어도 땅에는 관심도 없던 친구다. 부동산에서 같이 설명도 듣고 직접 가서 보기도 한다. 그는 관심을 보이는 듯했으나 결국 그 땅 주변에 있는 아파트에 관심을 가졌다.

그만큼 땅은 대부분의 사람들에게 낯설기만 하다. 이런 비슷한 이유로 주변 사람들에게는 땅을 사라고 말하지 못한다.

땅은 허허벌판이라 사기가 쉽지 않다. 논과 밭, 벼, 고구마, 비닐하우스, 흙뿐이다. 아파트 같은 형체가 없다. 사고 싶은 마음이 들지 않는다. 엄두가 나지 않는다. 어쩌면 그래서 더 기회가 있다.

아파트는 이미 다듬어진 보석이고, 땅은 다듬어지기 전의 원석이다. 원석은 알아보기가 힘들다. 본질을 깊숙이 꿰뚫어보려고 집요하게 몰입하는 자만이 원석을 알아볼 수 있다.

투기꾼인가 투자자인가

1

5년이 지났다.

나는 과장이다. 사람들은 이제 나를 송 과장이라 부른다.

10년 전부터 읽기 시작한 책들이 방 하나를 가득 채웠다. 500권은 족히 넘는다. 중고로 팔 수도 없다. 연필과 형광펜 흔적으로 가득하기 때문이다. 나의 소중한 자산들이다.

책장을 둘러본다. 이 많은 책을 읽었다니 새삼 믿기지 않는다. 내가 자살 시도했다는 것을 경찰이 아버지에게 알리지 않았다면 정신과에 갈 일도 없었을 것이고, 주의력결핍 과잉행동장애도 평생 치료하지 못한 채 살았을 것이다. 그랬다면 이 많은 책들을 읽지도 못했겠지.

아직도 믿기지 않는 것이 몇 가지 더 있다. 이력서를 100부 가까이 넣고 떨어진 내가 취업에 성공하고 대기업으로 이직까지 한 것. 영원히 혼자일 것만 같았던 내가 결혼을 한 것. 그 사이에서 아내와 나를 반반 닮은 꼬마가 있는 것.

내 원래 목표는 '60억 보상받기'였지만 이제는 아니다. 보상을 받는다는 것은 내가 어떻게 할 수 있는 영역이 아니다. 개발지로 지정이 되어야 가능한 것이다. 나에게 주도권이 없다는 뜻이다.

그래서 목표를 바꿨다.
경제적 자유.
이것이 내가 온전한 내 삶을 살 수 있는 키워드다.

중요한 선택의 갈림길에서 나는 늘 나를 믿었다. 그래야 후회가 없을 것 같았다. 결과가 나쁘더라도 내가 한 선택이기 때문에 억울하지 않다. 행여나 억울할 것 같다면 억울하지 않을 만큼의 노력을 하면 된다.

노력했는데 안 됐다는 핑계를 대며 결과에 대해 변명하고 싶지 않다. 어설픈 노력으로 나태하지 않았다고 스스로를 위로하고 싶지도 않다. 그저 그런 노력은 하고 싶지 않다. 남들이 범접할 수 없는 수준의 노력을 하고 싶다.

파이팅.

오늘도 변함없이 새벽 4시 30분에 일어나 회사로 향한다.

2

오늘은 부동산 계약이 있는 날이다.

김 부장님에게 오후 반차를 쓰겠다고 한다. 부장님의 표정이 좋지 않다. 잠깐 휴게실로 따라오라고 한다.

"내가 산 아파트가 지금 두 배가 됐어. 궁금한 거 있으면 나한테 물어봐, 다 알려줄게. 나중에 집값 떨어지면 어떡하려고 그래?"

최근 상승기를 거치고 나니 갑자기 다들 전문가로 돌변했다. 부동산에 대해 경험담을 늘어놓으며 강의를 한다. 그런 말을 들어보면 대부분 모두가 아는 상식이거나 흘러간 과거를 본인 이론에 끼워 맞추는 말뿐이다.

김치찌개가 4,000원에서 7,000원이 된 것처럼 결국에는 오르게 되어 있다. 통화량이 늘어나는 만큼 부동산뿐만 아니라 모든 자산의 가격은 오르게 되어 있다. 가격이 올랐다기보다는 화폐의 가치가 떨어졌다고 보는 게 더 맞겠다. 가격 상승이 집에 대한 가치의 상승이라고 믿고 있지만, 안타깝게도 사실 집의 가치는 아무런 변화가 없다. 주소도, 구조도, 입지도 모든 게 그대로다.

이튿날, 회사에 카드키를 찍은 시간.
6시 10분이다.
자리에 앉아 어제 못 다 읽은 책을 펼 때쯤 입구 쪽 자동문 열리는 소리가 난다. 청소하시는 아주머니인 줄 알았는데 불규칙한 걸음의 구두소리가 들린다.

"깜짝이야! 소…… 송 과장, 뭐해?"
"부장님! 안녕하세요. 일찍 오셨네요. 책 읽고 있습니다. ……괜찮으세요?"
"어, 어…… 아니야. 나 좀 쉴 테니까 일 봐."

술 냄새가 난다. 넥타이도 느슨하게 매인 것이 보인다. 부장님은 휴게실 쪽으로 향한다. 자러 가는 것 같아서 서랍에 있던 숙취 해소제를 가지고 휴게실로 따라 들어간다. 그새 잠이 든 것 같다. 머리는 기름으로 떡이 져 있다.

김 부장님의 자는 모습을 이렇게 볼 줄이야. 자는 모습을 보니 세상 편해 보인다.

매일매일 치열하게 살아가는 대한민국의 중년 남성. 나의 미래 모습을 보는 것 같다. 급히 눕느라 벗지도 않은 구두를 벗겨드린다.

3

김 부장님과 외근을 가는 날이다.

신도시 쪽이다. 처음 방문하는 회사다. 회의실에는 20대 후반쯤 되어 보이는 직원만 있다. 떨떠름한 말투와 귀찮은 듯한 표정이다.

"30분밖에 없으니까 하고 싶은 말 다 하고 가세요."

거만하다. 자세도 삐딱하다.

아니야, 아니야. 이게 요즘 애들 스타일일 수도 있어.

요즘 애들? 나도 모르게 요즘 애들이라는 단어를 생각한다. 그래도 기본적으로 저 자식은 비즈니스 매너가 너무 아니다. 귀찮다는 표정, 빨리 하고 꺼지라는 듯한 말투.

그래도 김 부장님은 표정 하나 바뀌지 않고, 당당하게 제품 설명을 한다.
김 부장님은 30분을 딱 맞춘다. 그 직원은 수첩을 딱 접고 바로 일어난다. 우리는 더러운 기분을 안고 나온다.

김 부장님이 말한다.
"저 정도면 양반이야. 더 한 놈들 많아. 아예 안 만나주는 사람들도 수두룩해."
여기서 느낀다.
부장님이 때로는 철없어 보이지만 나보다는 어른이라는 것을.

업무가 끝났다. 편의점에 들어간다. 아르바이트생을 바라본다. 계산도 잘하고, 말도 또박또박 잘한다. 나보다 낫다.
편의점에서 해고당한 그때가 생각난다. 베이시스트 편의점 사장님이 생각난다. 얼마나 열받았을까. 자기가 돈 주고 쓰는 사람이 사고나 치고 그랬으니.

편의점 밖 테이블에 앉아서 옥수수 수염차를 마신다. 저쪽에서 머리에 기름을 바른 남자 두 명이 걸어온다. 딱 봐도 분양하는 사람들이다. 분위기만 봐도 말솜씨가 화려할 것 같다. 꺼림칙한 게 있으면 말에 미사여구가 많다. 물건이 좋으면 미사여구가 필요 없다. 그냥 사실만 알려주면 끝이다.

정보의 시대다. 물건이 좋으면 영업하러 돌아다니지 않는다. 사람들이 알아서 찾아간다. 이런 길거리 무작위 아날로그 영업 방식을 취한다는 것은 버리고 싶은 것을 빨리 남에게 떠넘기고자 하는 목적이다.
역시나 대폭 할인해준다고 한다. 귀한 것을 싸게 준다고 한다. 그럴싸하다. 초보라면 넘어갈 만하다. 김 부장님의 눈이 초롱초롱하다. 마치 구원자를 만난 듯한 눈빛이다.
이거 위험한데.

이럴 때는 사람을 보지 말고 상황을 봐야 한다. 왜 갑자기 다가와서 좋은 물건을 싸게 준다는 건지 생각해야 한다.

부장님은 명함을 챙긴다. 아무래도 많이 할인해주고 매달 따박따박 월세가 들어온다는 말에 혹한 것 같다. 이 세상에 '따박따박' 멈추지 않는 것은 시계추뿐인데. 부장님은 아직 잘 모르시는 것 같다.

나는 저런 물건은 조심해야 한다고 한 번만 말한다. 두 번 말하면 기분 나빠할 수도 있을 것 같기 때문이다.

상황이 팍팍한 사람이면 저런 달콤한 유혹에 넘어간다. 현실을 직시할 여유가 없기 때문이다. 자신에게 어떻게든 유리한 방향으로 행복회로를 돌린다. 남들은 다 사기라고 할 때 본인만 기회라고 믿는다. 남들은 다 사기꾼이라고 할 때 본인만 행운의 여신이라고 믿는다. 김 부장님이 저 상가를 부디 사지 않기를 바란다.

젊을 때는 일해서 돈 벌고 나이 들면 월세 받는 것이라는 통념이 있다. 나이 들어서 월세를 받으려면 정말 좋은 매물을 잘 찾아야 한다.

머리가 가장 잘 돌아가고 체력적으로 좋은 시기는 30대와 40대다. 그때 좋은 매물을 찾기 위해 공부하고 돌아다녀야 하는데, 은퇴 후에 머리가 굳고 체력도 떨어진 상태에서 좋은 월세 매물을 찾기란 어렵다.

젊을 때 월세 받아도 아무도 뭐라 하지 않는다. 은퇴 후에 뭔가 하려고 하면 조급해질 수밖에 없다. 그래서 월급이라도 받을 수 있는 직장이 있을 때 이것저것 먼저 해봐야 한다.

그러고 보면 나에게는 운이라는 것이 적절하게 따랐던 것 같다. 종잣돈을 모으려고 마음을 먹었고, 종잣돈이 모이는 과정 중에 공부를 했다. 종잣돈이 어느 정도 모이고, 부동산에 대한 전반적인 지식들을 알았을 때, 좋은 매물을 발견해서 거래를 성사시켰다.

만일 종잣돈을 모으고 나서 공부를 시작했거나, 공부가 부족한 상황에 종잣돈이 모여 이상한 매물을 샀다거나, 공부는 충분히 해두었지만 돈이 없어서 그제야 종잣돈을 모으기 시작했다면 어땠을까.

나는 다행히 운이 좋게 투자 순서를 지킬 수 있었고 시간을 절약할 수 있었다. 이것은 실력이 아닌 운의 영역이다.

이 운에 늘 감사한다.

또 한 가지 운은 내가 돈에 대한 집착이 별로 없었다는 점이다. 아마도 목표가 60억 보상받기여서 그런 것 같다. 60억 벌기였다면 집착이 생겼을 수도 있다. 그런데 보상받기가 목표여서 부가가치를 일으킬 땅에 집중한 덕에 돈 자체에 집중하지 않았던 것이다.

4

나한테 마지막 계란말이를 양보하면서까지 재건축 아파트에 대해 상의를 했던 상사는 상무가 되었다.

마지막 계란말이를 양보한다는 것은 나를 진심으로 존중한다는 뜻이다. 직원들을 존중하는 사람은 자기 자신과 회사를 존중한다는 뜻이기도 하다. 정치 잘하는 사람 대신 이런 사람이 임원이 되었다는 것은 회사가 변할 준비가 되었다는 의미이기도 하다.

분양권 매수에 대해 물어본 상사는 아무래도 차기 임원이 될 것 같은 분위기다. 나의 팀장 김 부장님은 자신이 임원이 될 것이라 믿고 있지만 내가 보기엔 그렇지 않다. 김 부장님은 김 부장님만의 장점이 있지만 아쉬운 점이 있다. 후배들은 부장님을 꼰대라고 표현한다. 내가 보기에는 부장이라는 위치와 중년의 나이가 그런 점을 더욱 두드러지게 한다.

누구나 꼰대 기질은 있다. 이것을 단순히 나이와 성별과 연관 지을 수는 없다. 팀장이라는 위치, 부장이라는 직급은 무언가를 결정하고 누구에게 지시를 해야만 한다. 모두를 만족시킬 수는 없다. 누군가는 기분이 나쁠 수 있다. 자신과 맞지 않는다며 무조건 상사를 꼰대로 몰아붙이는 것은 정답이 아니다. 본인 스스로를 먼저 돌아봐야 한다. 그래서 나는 최대한 말을 아끼려고 하는 것뿐이다.

나는 팀장은 될 수 없을 것 같다. 팀장은 임원과 팀원의 중간 역할이다. 높은 것 같지만 알고 보면 별로 높지 않은 자리. 나에겐 힘들 것 같다.
팀원은 실무이지만 팀장은 관리다. 실무를 잘한다고 관리를 잘하는 것은 아니다. 완전히 다른 영역이다. 나 자신에

대해서도 관리를 못하는데 팀원들 관리라니. 팀장이 되기
전에 회사를 떠날 생각부터 한다.

생각해보니 전에 다니던 외국계 회사는 달랐다. 아무리
근속년수가 쌓이고 직급이 올라가도 본인이 원하면 실무
를 계속하게 했다. 실무보다 관리에 능숙한 사람이면 관리
자 역할을 부여했다.
내 생각엔 그게 더 맞는 것 같다. 관리에 맞지도 않는 사
람을 억지로 관리를 시킨다는 것은 인력 낭비다.

5

오늘도 지하철 첫차를 타고 출근을 한다.
예전에는 몇백 원 아끼려고 새벽에 출근했지만 요즘은 조
용한 지하철이 좋아서 새벽에 출근한다.

매일 앉는 자리에 앉아 책을 편다. 책을 읽기 전 주위를
한 번 둘러본다. 혹시 시끄럽거나 이상한 사람이 있으면
미리 자리를 옮겨야 한다. 다행히 잠잠히 모두 핸드폰을

주시하고 있다. 내가 탄 칸에는 총 열 명이 앉아 있다. 책을 보는 사람은 나 한 명뿐이다. 내가 상위 10퍼센트에 들어갈 가능성이 있다는 뜻이다.

다음 역에서 10명 정도가 더 탄다. 역시 책을 보는 사람은 나뿐이다. 상위 5퍼센트가 될 가능성이 크다는 뜻이다.

몇 개 정류장을 지나고 보니 약 100명 정도가 탄 것 같다. 아직도 책을 보는 사람은 나뿐이다. 상위 1퍼센트가 될 가능성이 아주 높다는 뜻이다.

회사에 도착한다. 신문을 보고, 책을 읽고, 일기를 쓰다 보면 하나둘씩 출근을 한다.

권 사원은 남자친구와의 결혼 때문에 골치가 아프다. 본인과 경제관념이 많이 다르고, 무엇보다 아직까지 부모님께 의존을 많이 한다고 한다. 이야기를 들어보니 당장 헤어지라고 하고 싶지만 각자 속사정은 모를 일이라 말을 조심한다. 양쪽 이야기를 들어봐야 한다.

권 사원의 남자친구는 집값이 떨어지면 그때 집을 사자고 했다고 한다. '떨어지면'이라는 조건부가 붙는다. 떨어뜨리고 싶다고 해서 떨어뜨릴 수가 있는 게 아니다. 내가 어떻게 할 수 없는 영역에 집착하는 것, 예를 들면 내가 키만 컸으면, 내가 금수저였으면, 내가 머리가 좋았으면, 내가 과거로 돌아갈 수 있다면…… 이런 가정들은 스스로를 불행하게 만든다.

권 사원은 곧 서른 살이 된다. 서른 살. 어른들이 보기에는 뭐든 할 수 있는 한창 나이지만 내가 느꼈던 서른 살은 힘겨운 시기이다. 이십 대를 벗어나 어른이 되었다는 생각과 함께 연애, 결혼, 직장, 미래, 돈과 관련하여 밀려오는 허탈함과 불안감, 한편으로는 새로운 출발에 대한 약간의 기대감 같은 것들이 모두 섞여 뒤엉킨 그런 나이다.

최근에 김 부장님이 권 사원이 만든 자료를 자신이 발표한 적이 있다. 심지어 부장님 마음대로 내용을 바꿨다. 나는 김 부장님이 왜 그렇게 했는지 알지 못했다. 상무님이 개인적인 자리에서 말씀해주셨다.

"습관이라는 게 무서워."
"네?"

"김 부장 말이야. 김 부장이 대리 때부터 위에서 시키는 장표라는 장표는 다 만들고, 발표라는 발표는 다 했거든. 그때 당시 임원들이 뭘 좋아하는지 김 부장은 알고 있었어. 긍정적인 것, 밝은 미래가 보이는 것, 다 잘될 거라는 희망적인 메시지. 위에서 이런 말만 듣기를 원해서 매번 그렇게 발표를 한 거야. 그게 머릿속에 박히게 된 거고. 고쳐질 법도 한데 쉽지 않지……."

김 부장님은 알고 보면 고성장 시대의 중심에 서 있던, 회사가 인생의 전부이던 시절의 주인공이자 피해자가 아니었을까 싶다.

6

정 대리가 말을 건다.

정 대리는 요즘 차에 온 신경이 쏠려 있다. 틈만 나면 차 얘기다. 부럽다. 나도 오래된 차 그만 타고 싶지만 그럴 순 없다. 아직은 잘 굴러간다.

정 대리는 자기의 욕구보다는 남이 원하는 욕구를 채우려고 한다. 남이 자신을 인정해주는 것이 더 중요한 것 같다. 오늘 정 대리의 외투는 처음 보는 코트다. 차르르 흘러내리는 것이 내 눈에도 멋져 보인다. 볼 때마다 코트, 구두, 셔츠, 넥타이, 벨트 중 어느 하나는 꼭 바뀌어 있다.

주의력결핍 과잉행동장애를 가진 내가 이런 말 하면 우습지만, 정 대리는 중독증인 것 같다. 충동을 채우는 중독. 이런 충동적 소비는 더 많은 결핍을 느낄 수밖에 없다. 매일같이 쏟아져 나오는 신상품과 빠르게 변하는 유행 속에서 허우적거릴 수밖에 없다.

그러다 보면 결국 내가 어딘지, 무엇을 원하는지 모르는 상태가 된다. 내가 원하는 것인지, 남이 원하는 것을 내가 채우려는 것인지 구분할 수가 없다. 타인을 기준으로 하는 우월감과 인정욕구에 끝이라는 건 있을 수 없다.

정 대리는 부자가 되고 싶은 건지 부자처럼 보이고 싶은 것인지 모르겠다. 부자처럼 보이고 싶으면 지금처럼 살면 되고, 부자가 되고 싶으면 지금처럼 살면 안 된다.

결국 정 대리는 카드가 정지되었다고 한다. 이런 날이 올

줄 알았다. 부자가 되기는커녕 부자처럼 보일 수조차 없
게 되었다.

7

아내도 나도 절약하는 것이 몸에 배어 있다.

결혼 전만큼 지독하게 아끼지는 않지만, 그래도 지출은 최
소화하려고 한다. 문득 이렇게 아끼기만 하다가 늙어버리
면 너무 슬플 것 같다는 생각이 든다. 써야 돈이지 안 써
야 돈인가.

나이 드신 분들은 인생 짧다고 젊을 때 즐기라고 하신다.
자기계발서에는 젊을 때 아끼라고 한다.
누구 말이 맞는 것일까.
결국 나의 선택이다. 그 선택은 생각보다 쉽다. 돈을 아낀
다고 해서 즐기지 못하는 게 아니다.

소비를 절제하면서 느낀 게 하나 있다. 돈을 쓰면서 무언
가를 사는 짜릿함보다 유혹을 뿌리치고 아끼는 짜릿함이

더 강하다는 것이다.

옷을 한 벌 살 때 정해둔 규칙이 있다. 일주일에 3일 이상 입을 것인가, 안 입을 것인가. 나는 이 규칙에 따라 소비를 한다.

예전에는 가끔씩 내 기분을 위해 소비를 했다면, 이제는 나 자신을 위해 소비를 한다. 기분은 언제든지 바뀔 수 있지만 나에게 꼭 필요한 것을 찾아내는 것은 결국 나를 성찰하는 일이다. 소비에 있어서 스스로를 통제할수록 나는 더 자유로워진다.

아내와 나는 책 읽는 것이 공통된 취미다. 종이와 연필이 필요하고 읽을 책만 있으면 된다. 남들이 차를 바꾸거나 쇼핑하는 돈으로 우리는 자산을 사고 판다.

다시 생각해보면 젊을 때 즐기라는 말이 흥청망청 돈 쓰고, 음주가무를 하라는 뜻이 아니고, 진심으로 내가 추구하는 가치와 내가 진정으로 원하는 것에 에너지와 돈을 쓰라는 뜻일 수도 있다.

8

이후로 부동산 시세는 더욱 올랐다.

뉴스에서는 매일같이 부동산에 대한 소식이 나온다. 회사에서는 모였다 하면 집 얘기다. 집 한 채 가지고 있는 게 올랐다고 자랑하는 사람, 집값이 곧 폭락할 거라는 사람, 지금이라도 빨리 사라는 사람, 이미 늦었다는 사람, 어디에 지하철역과 쇼핑몰이 생긴다는 사람, 어디가 어떻게 개발된다는 사람 등. 이제야 부동산이 주식만큼 화젯거리가 되었다.

부동산을 소유하지 않은 사람과 부동산을 소유한 사람 간의 자산격차는 극심하게 갈렸다. 내가 바라지 않은 상황이다. 누구는 웃음을 참고, 누구는 울음을 참는다.
다 같이 열심히 살고 있는데 왜 급격한 부동산 인플레이션 때문에 서로 불편한 상황으로 몰려야 하는가. 이런 마음을 달래줄 무언가가 필요하다.

믹스커피가 마시고 싶다. 휴게실로 간다. 믹스커피가 없다. 아까 김 부장님이 믹스커피 두 봉지를 한꺼번에 타 마시는 걸 봤다. 하루에 몇 봉지를 마시는지 남아나는 게 없다.
정수기에서 차가운 물을 종이컵에 3분의 1 정도 붓고 뜨
거운 물을 채운다. 뜨거운 물부터 부으면 손가락이 너무
뜨겁다. 그래서 차가운 물부터 붓는다.

옆에 나란히 정렬되어 있는 녹차 티백을 물속에 넣는다.
옆 테이블에는 입사동기 3명이 잡담을 하고 있다.
"송 과장, 여기로 와."
나를 불러주다니 고맙다.
"투자와 투기에 대해서 이야기하고 있었어. 송 과장은 어
떻게 생각해?"

어려운 주제다. 나는 녹차 티백을 올렸다 내렸다 하면서
고개를 좌우로 흔든다. 모르겠다는 뜻이다.
나는 동기들의 이야기를 듣기만 한다.

"남이 하면 투기고, 내가 하면 투자 아니야?"
"공부하고 분석해서 사면 투자고, 그냥 막 사는 게 투기
같은데."
"막 사더라도 오를 거를 예상하고 사면 투자지. 이거 오를

것 같다는 느낌이 있어. 떨어져도 내가 손해인 거고 올라도 내가 이익인 거잖아. 어차피 책임은 자신이 지니까 어떻게 사건 말건 간에 투자 같은데."

"맞아. 그런데 좋게 말하고 싶은 때는 투자라고 하고 누구 욕하고 싶을 때는 투기라고 하고. 결국 같은 거 아니야? 어차피 주식 사고 팔면서 세금 다 내잖아. 부동산도 취득세랑 양도세 다 내고."

"그래도 투기는…… 뭐랄까, 남에게 피해를 준다고 하나? 시장을 교란시키고, 독점하고. 예를 들어서 중국 부자들은 아파트 한 채가 아니라 한 동을 다 사버린대. 그렇게 사 놓고 임대도 안 맞추고 시세가 오를 때까지 기다린다는데. 그런 게 투기 아닐까? 임대를 주면 몰라도 그렇게 아무도 못 사고 못 살게 하면 사회 교란이잖아."

"그렇네. 그건 투기네. 그런데 만약에 그 아파트가 우리가 생각하는 15층, 20층짜리가 아니라 2층짜리라면? 세대 수가 둘이라고 하자. 2세대가 과연 시장 교란을 일으킬까?"

"그래도 본인이 안 살고 묵혀두는 거니까 투기지."

"그럼 주식은? 나는 아무것도 안 하고 샀다가 팔기만 하는데 그것도 투기겠네?"

"흠…… 그건 또 그렇네. 그럼 로또는? 그것도 투기인가?"

"아, 로또…… 투자가 아닌 건 확실하고…… 그렇다고 투기라고 볼 수도 없고……. 나라에서 합법적으로 하는 거니까. 그냥 로또는 게임 아닐까? 아, 몰라. 로또나 사러 가야지."

"야, 송 과장. 너는 투기꾼이냐 투자자냐?"

갑자기 세 명의 얼굴이 나에게로 향한다. 이 부분에 대해 생각해본 적이 없다.

"음…… 잘 모르겠는데……."

이런 질문을 들으니 기분이 좀 이상하다. 기분이 썩 좋지는 않다.

나름 열심히 하고 있는데 어쩌면 남이 볼 때는 투기가 될 수도 있구나.

여러 가지 생각이 드는 대목이다.

나는 투자자일까 투기꾼일까.

투자와 투기. 무엇이 다를까. 사전을 찾아보니 생산활동과 관련된 것을 투자라고 하고, 생산활동과 관계없이 이익을 추구할 때는 투기라고 쓰여 있다.

그렇다면 집을 사는 것은 투기인가.

실거주 목적으로 자기가 들어가서 사는 것도 투기인가.

생산활동을 하려면 사람이 필요하다. 사람이 있으려면 살 곳이 필요하다. 살 곳은 생산활동과도 연결되어 있다. 즉 집을 사는 것은 원활한 생산활동을 하는 사람의 기본적인 조건이므로 투자라고 봐야 한다.

그렇다면 집을 사고 전세나 월세 같은 임대를 주는 것은 무엇일까. 생산활동을 위한 사람들에게 매매가보다 저렴한 전세와 월세를 제공한다. 명백한 투자다.

아니다. 전세 보증금이라는 무이자 레버리지를 이용해서 시세차익을 노리거나, 월세를 받으며 현금 흐름을 창출한다. 이렇게 보면 투기인가? 주식에 투자해서 배당금을 받아가며 현금 흐름을 만드는 것과 뭐가 다른 거지?

공부를 해서 사든 공부를 안 하고 사든 목적은 같다. 돈을 번다는 것. 10시간 공부하면 투자, 1분 공부하면 투기. 뭐 이런 건가? 이 기준은 누가 정하는 거지? 내가 결정하면 투자, 남이 하는 거 따라하면 투기?

그런데 남이 하는 것도 일종의 패턴 분석이나 트렌드 효과라고 스스로 정의해버린다면 그것도 투기일까? 열심히 노력해서 이익을 보면 투자, 운 좋게 이익을 보면 투기? 하지만 운도 실력이라고 하지 않는가.

아…… 어렵다.

그래도 나름 투자자에 대해 내린 결론은 투자를 시작할 때부터 하락장에 대비하고 있고, 하락장에서도 무언가를 할 줄 알고, 하락장에서도 수익을 낼 수 있는 사람이라는 것이다.

아까 나에게 투기꾼인지 투자자인지 물어본 회사 동기가 메시지를 보낸다. 회사 끝나고 밥을 먹자고 한다.

근처 식당에서 만난다. 동기는 표정이 좋지 않다. 소주를 꿀꺽 넘기고 말한다.

"재미 좀 봤냐?"

"무슨 재미?"

"너 하는 거. 부동산. 그걸로 재미 좀 봤냐고."

"계속하고 있어. 재미있어. 공부하고 사고 팔고 하는 거."

"그래서 얼마 벌었어?"

이렇게 가끔 나보고 자산이 얼마나 되냐고 묻는 사람들이 있다. 계산해본 적도 없지만 대충 알더라도 대답해주기가 싫다.

자칫 말투가 조금이라도 이상하게 전달되면 자랑하는 것처럼 들리는 게 싫다는 이유도 있지만, 어떤 액수를 말하면 그동안의 노력과 고통, 좌절의 순간들이 그 숫자에 묻히는 것 같다. 결과만 보이는 것 같다. 결과가 중요하긴 하나 과정에서 얻은 것이 몇만 배 중요하기 때문이다.

나는 입을 다물고 입꼬리만 아주 미세하게 올린다. 물을 쭉 마신다.

이 정도면 알아들었을 것 같다.

동기가 계속 말한다.

"아끼고 아꼈는데…… 집값은 쭉쭉 올라가. 따라갈 수가 없어. 갑자기 부모님이 원망스러워. 아니, 원망스럽지는 않은데 원망스러워질까봐 두려워. 연봉 5천, 6천, 이런 게 무슨 의미지? 노동의 가치라는 게 뭐지? 그때 네 말 듣고 대출 왕창 받아서 샀어야 했어."

동기가 한숨을 푹 쉬고는 말을 잇는다.
"집값 오르는 거 보면 월급 몇백만 원은 그냥 종이 쪼가리 같아 보여. 성과급? 관심도 없어. 인사고과나 승진에도 관심 없어. 집 없는 부장보다 집 있는 대리가 위야. 참 어이없지. 일 잘하고 회사에 헌신하는 사람이 집 없으면 바보 소리 들어. 이상한 세상이 되어버렸어. 나는 뭐지? 열심히 회사 다니고 저축한 죄밖에 없는데……."
동기가 말을 마치고 소주 한 잔을 꿀꺽 넘긴다.

내 마음이 무너져 내린다. 이게 동기만의 속마음이 아니라, 현재 부동산을 소유하지 않은 모든 사람들의 속마음이다.

동기가 물어본다.
"너 주식은 하냐?"

"아니. 주식은 전혀 몰라."

"주식은 재미 삼아 하고 있는데 처음에는 재미 좀 봤다가 지금은 마이너스야."

"얼마 넣고 하는데?"

"1천 500."

"1천 500이 재미……?"

"그냥 취미지. 없는 셈치고 하는 거야."

1천 500만 원을 없는 셈이라…….

1천 500만 원은 3,000원짜리 치킨마요 5,000그릇을 사먹을 수 있는 돈이다.

투자는 장난이 아니다. '버느냐 잃느냐'의 문제다. '피 같은 돈이 늘어나느냐 줄어드느냐'의 싸움이다.

정해진 규칙은 없지만 공식은 있다. 싸게 사서 비싸게 파는 것.

싸게 사서 비싸게 파는 자는 승리자고, 비싸게 사서 싸게 파는 자는 패배자다. 투자의 세계에서 '졌지만 잘 싸웠다' 같은 말은 통하지 않는다.

무조건 벌어야 한다. 승리자가 되어야 한다. 승리자가 되는 길은 험난하다.

나는 동기에게 묻는다.
"어떤 주식을 사는데?"
"뭐, 고급 정보 같은 거. 그런 거 봐."
"돈 주고 보는 거야?"
"아니, 친구들 단체 카톡방에서 도는 것도 있고 아는 형이 주는 소스도 있고."
"그게 고급이야? 공짜로 보는 게?"
"어. 그 회사 내부정보 빼내서 주는 거래."

이 동기는 열심히 회사 다니고 저축한 죄밖에 없다고 했다. 내가 보기에는 죄가 있다.
돈을 소중히 다루지 않은 죄. 게으른 죄.

집을 살 때는 아무리 초보라도 교통, 직주근접, 로얄동, 로얄층, 구조, 세금, 복비 모두 계산해가며 산다.
그런데 주변에서 주식하는 사람들의 공통된 특징은 그 회사의 본사 주소조차 모르고 산다는 점이다. 회사의 5년간 매출과 순이익은 더욱 모르고 산다. 대부분 남이 말해준 싸구려 정보나 희망회로 선글라스를 쓰고 보는 차트, 직감에 의해 산다. 여기서부터 승자와 패자가 결정된다.

가장 좋은 결과를 내는 방법은 더 귀찮고, 더 어렵고, 더 복잡한 과정을 거치는 것이다. 쉽게 사고 쉽게 판다는 것은 덜 고민하고 덜 공부하고 덜 조사한다는 뜻이다.

주식도 해볼까 생각했다. 빠르다. 엄청난 양의 데이터가 빠르게 움직인다. 빨간색 파란색 막대그래프가 그려진 차트를 보니 그나마 약으로 진정시켜놓은 나의 주의력결핍 과잉행동장애가 다시 악화될 것만 같다. 내 머리로는 도저히 감당할 수가 없다.

개미 투자자들은 기관과 외국인이라는 거대한 바위와 부딪쳐야 한다. 바위 안에서는 수많은 전문 투자자들과 슈퍼컴퓨터들이 로직을 돌려 의사결정을 한다.
그들과 동등하게 맞서려면 최소 그들만큼의 노력을 하든지, 바위를 통째로 사버릴 자본이 있든지, 바위를 깨버릴 토르 망치나 헐크 펀치가 있어야 한다. 나는 그럴 자신이 없어 주식은 일찌감치 포기했다. 그래서인지 주식투자자들이 대단해 보인다.

지인 중에 주식으로 성공한 사람이 한 명 있다. 발전 가능성 높은 회사를 찾은 후에 회사 공장 앞에서 트럭이 하루에 얼마나 왔다 갔다 하는지 계수기로 센다. 아침 7시부터 저녁 7시까지 매일매일.

그렇게 3개월 정도를 체크한다. 트럭 통행량의 증감 추이를 보고 나서야 그 회사의 주식을 살지 말지를 결정한다. 지금은 아르바이트생들을 고용하여 그렇게 하고 있다. 그 형의 자산은 나날이 불어나고 있다.

그렇게 해야 겨우 성공할 수 있는 곳에서 월급보다 많은 1천 500만 원을 장난으로 굴린다는 것은 돈에 대한 예의가 없다는 것이다.

또 한 가지 간과해서는 안 될 것은 주식에 10만 원만 투자했을지라도 대부분의 사람들은 매일 최소 하루에 5번은 주가가 얼마인지 올랐는지 내렸는지 확인한다는 점이다. 투자한 것을 아예 묻어두고 몇 개월 몇 년을 기다리는 사람은 드물다.

올랐으면 신나고, 내렸으면 씁쓸하고, 팔고 나서 내리면 신나고, 팔고 나서 오르면 억울하다. 하루에도 몇 번씩 롤러코스터를 탄다.

사람이 놀이동산에 가서 오전 9시부터 오후 3시까지 쉬지 않고 롤러코스터를 타면 어떨까. 멀미가 없던 사람도 전정기관, 반고리관, 달팽이관이 다 튀어나와 너덜너덜 걸레가 될 것이다.

주식도 마찬가지다. 웬만한 멘탈의 소유자가 아니라면 흔들리는 주가에 처음에는 미미하게 흔들리지만 시간이 지날수록 진폭이 커져 마침내 영혼이 파괴된다.

동기가 말한다.

"어차피 집도 못 사는데 있는 돈 주식에 전부 넣을까봐."

동기는 지금 초조하다. 뒤처지고 있다고 생각한다. 더 뒤처질까봐 두려워하고 있다. 이런 상태에서 하는 선택은 투자뿐만 아니라 다른 선택의 결과도 좋지 않다. 주변의 변화에 흔들린다면 인생의 주도권은 자신에게 있지 않다.

나는 대답한다.

"기다려. 기회는 오게 되어 있어."

그러나 동기는 내 말이 들리지 않을 것이다.

요즘에는 빠르게 돈 버는 법, 빠르게 성공하는 법, 빠르게 은퇴하는 법 같은 현실 속에서 존재하기 힘든 영웅서사적인 책들이 많다. 유튜브에도 비슷한 내용의 인터뷰나 강의들이 넘쳐난다. 심지어 단숨에 영어 잘하는 법까지 있다. 세상의 변화가 빨라진 만큼 빠른 결과를 얻고 싶도록 자극한다.

혹할 만하다. 다들 이 지루한 직장생활을 때려치우고 싶어 한다. 하루아침에 수억, 수십억 돈 벼락이 떨어지기를 기대한다. 그러나 전부 허황된 것들임을 알아야 한다.

"뭘 기다려. 이러다가 지금보다 더 거지가 되어서 나앉으면 어쩌려고."

동기는 소주를 꿀꺽 원샷을 한다.

"그냥 부동산 하나 찍어줘. 나도 사보게."

질문이 들어온다. 찍어달라는 말은 뺐으면 좋겠다. 권 사원에게 했던 말 그대로 한다.

"살고 싶은 지역하고 아파트 단지를 세 군데만 정해봐. 거기서 봐줄게."

"아니, 그냥 찍어달라고. 내가 그거 공부하고 보러 다닐 시간이 어디 있어."

이런 게 투기가 아닐까. 투자와 투기는 이런 마음가짐에서 갈리는 것 같다. 결과나 과정보다는 어떤 자세로 임하는지에 따라서 말이다.

동기는 지금 투기를 하려고 한다. 나의 시간은 부족하고, 남의 시간은 많다. 나의 노력은 힘들고, 남의 노력은 쉽다. 나는 힘들고, 남은 편하다. 노력하지 않으려고 한다. 어떻게든 핑계를 만들어서 귀찮음과 힘듦을 피하려고 한다. 그런 핑계는 본인에게는 꽤나 합리적이겠지만 결국 핑계에 불과하다.

점점 취해가는 이 친구는 자신에 대한 이해부터 해야 할 것 같다. 주변 사람들을 올려다보지 말고 자기 자신을 들여다봐야 할 것 같다. 지금도 내가 '나는 누구인가'에 대해 끊임없이 질문을 하듯이.

며칠 뒤, 그 동기는 내 자리로 와서 고급스러운 가죽 케이스에 보테가베네타 키링이 걸린 차 키를 보여준다. 동그라미 네 개가 겹쳐 있는 로고가 새겨 있다.

"새로 뽑았다. 천만 원 할인받아서. 완전 잘 나가. 밟는 대로 쭉쭉. 주차장 가서 볼래?"

고개를 끄덕이고는 더 이상 아무 말도 하지 않았다.

10

누가 무엇을 해서 돈을 벌었다더라, 얼마를 벌었다더라, 같은 말은 듣지 말아야 한다.

가벼운 귀는 생각을 흩트리고, 판단을 무디게 하며, 정신을 피폐하게 만든다.

각자의 길이 있고 각자의 방법과 수단이 있고 각자의 목표가 있다.

목표는 믿는 것이지 의문을 가지는 게 아니다. 의문을 가지는 사람은 장애물을 믿는 사람이고, 목표를 믿는 사람은 자기 자신을 믿는 사람이다.

생각해보면 투자는 단순히 어떤 기술이나 정보가 아닌 것 같다. '어떻게 살아가느냐'의 문제이다. 무엇을 선택하고 무엇을 포기할지를 판단하는 것이다. 꾸준히 관리하고 견뎌내는 것이다. 매일매일 누적되는 지식보다 한 단계 더 올라선 인생관과 가치관에 대해 배워가는 것이다. 결국에는 '뭘 해도 안 될 놈'에서 '뭐라도 하면 될 것 같은 놈'으로 스스로에 대한 인식을 변화시켜가는 과정인 것 같다.

성공한 사람들의 자서전을 보면 진부하기 짝이 없다. 일찍 일어나고, 명상을 하고, 책을 읽고, 관심 분야에 깊이 파고들고, 운동을 하고, 좋은 사람을 만나고, 당장 일어나서 실천하고, 메모하고, 계획적인 삶을 살고, 담대한 목표를 만들고, 자신을 통제하고, 윤리적이며, 두려움에 맞서는 용기를 가지고, 좋아하는 일을 한다. 어디서 베껴 쓰기라도 한 것처럼 똑같다.

그럼에도 진부하고 뻔한 과정이 바로 성공의 함수이다. 함수라고 하면 어려우니 덧셈 뺄셈이라고 하자. 결국 성공은 무엇을 더 하고, 무엇을 덜 하는지의 문제다.

맛있는 김치찌개를 만드는 데는 특별한 방법이 존재하지

않는다. 맛있는 김치와 질 좋은 돼지고기를 오래 끓이면
된다. 그러나 많은 사람들이 이 정도 끓였으면 되었겠지
하고는 불을 끈다.

운도 실력이라는 말이 맞는 것 같다. 평소에 자신을 가다
듬고 통제하고 집중하고 있어야 한다. 혹시나 운이 다가왔
을때 거침없이 잡아채서 내 것으로 만들 수 있도록 몸과
마음이 뜨겁게 예열되어 있어야 한다.
그리고 그 운이 끝나갈 때는 무엇을 어떻게 해야 할지 대
처하는 것까지가 운을 다스리는 실력이다.

성공에 운이라는 것은 있을지라도 우연이라는 것은 없다.
혹시라도 운이 나를 좌지우지할까봐 운의 영역을 뛰어넘
기 위한 정도의 지독하고 치열한 노력을 하려고 한다. 그
런 노력 없이 남들보다 빨리 성공할 수 있는 '꿀팁'이라는
건 존재하지 않는다. 그래서 나는 어떠한 우연과 어떠한
꿀팁도 찾아다니지 않는다.

퇴근 후에 서점에 들른다. 보고 싶은 책이 있었는데 오래전
에 출간된 책이라 매장에 없어서 따로 신청을 해두었다.

나는 점원에게 카드를 건네고, 점원은 촌스럽고 투박한 표지의 책을 건넨다. 책을 사는 순간은 50퍼센트 세일을 하는 멋진 코트를 사는 순간만큼 짜릿하다.

서점에서 나와 회사로 다시 돌아가는데 줄이 길게 늘어서 있다. 오십 명쯤 되어 보이는 사람들이 한 줄로 서 있다.
뭐지. 공짜로 뭘 주는 건가.
무엇을 주는지 줄의 끝을 보기 위해 사람들 머리를 쭉 따라가보니 알록달록한 색의 글자들이 보인다.

복권판매점
1등 당첨 37번
2등 당첨 86번
천 원의 행복
만 원의 행복

복권을 사보지 않아서 모르겠다.
저렇게 줄까지 서서 사려는 이유가 뭐지?
돈에 대한 간절함일까.
그저 심심풀이일까.

나름 사정이 있는 사람들을 폄하하고 싶지는 않다.

하지만 내가 돈을 간절히 원한다면 복권 대신 지금 내가 들고 있는 책을 택할 것이다. 내가 심심풀이용을 찾는다면 지금 들고 있는 책을 볼 것이다. 어젯밤 꿈에서 황금 여의주를 물고 하늘에서 내려오는 일곱 마리 용들을 바라보는 꿈을 꾸었을지라도 나는 이 책과 저 복권을 절대 바꾸지 않을 것이다. 단언하건대 성공으로 가는 순간이동이나 축지법은 현실에 존재하지 않는다.

경제적 자유에 대하여

1

김 부장님은 공장으로 발령이 났다.

다시 본사로 올라올 수 있을까. 아니면 거기서 회사생활을 마무리할까. 김 부장님이 팀장이 되기 전까지의 퍼포먼스를 공장에서 다시 보여준다면 서울로 다시 올라올 수 있을 것이다.

몇 주 뒤, 정 대리가 공장을 다녀왔다. 김 부장님이 밥을 먹으러 전력질주를 했다고 한다. 업무시간에 휴게실에서 낮잠을 자고 있었다고 한다. 김 부장님은 그렇게 무너진 자존심을 놔버렸다. 김 부장님이 다시 본사로 복귀하기를 바라지만 정 대리 얘기를 들어보니 가능성이 높아 보이지는 않는다.

권 사원은 결혼을 접었다고 한다. 충분히 고민하고 결정했을 테니 잘한 선택일 것이다. 정 대리와 권 사원과 같이 공차에서 이런저런 이야기를 하던 중 나는 물어본다.

"권 사원, 그런데 집을 사려는 이유가 뭐야?"
"요즘 집값이 오르고 있어서 안 사면 상대적으로 가난해지는 것 같아서요."
"음…… 이왕 그렇게 마음 먹은 거면 생각을 바꿔봐."
"어떻게요?"
"이기기 위해 공격 축구를 하는 것과 지지 않기 위해 침대 축구를 하는 거 본 적 있어?"
"네, 잘은 몰라도 스포츠 뉴스에서 들어보기는 했어요."

"가난해지지 않기 위해 집을 산다고 생각하지 말고, 부자가 되기 위해 산다고 생각해."
"네? 부자요? 저와는 거리가 있는 것 같은데요."
"누구나 부자가 될 수 있어. 나도 부자가 되기 위해 열심히 살고 있고. 더 행복해지기 위한 것과 더 불행해지지 않기 위한 것에는 큰 차이가 있어. 잘 생각해봐."

권 사원은 내가 본 후배 중 몇 안 되는 똑똑하고 현명한 사람이다. 충분히 경제적으로나 정신적으로 부자가 될 수 있는 사람이다.

내가 이런 말을 후배들에게 할 자격이 있는지는 모르겠다. 그렇지만 지금껏 본 책들과 인생의 고수들을 통해 알게 된 것들, 짧은 인생이지만 경험을 통해 알게 된 것들을 알려주고 싶다. 이제는 내가 그들에게 인생의 고수가 되어주고 싶다.

2

보통은 주유소에서 기름을 넣고 기계 세차를 해왔다.

최소 비용, 최단 시간, 최대 효율의 결정판이다. 여태까지 그렇게 살아왔다. 차에 기스가 생겨도 가장 효율적인 방법을 택했다. 내 몸에 상처가 나도 가장 효율적인 방법을 택했다.

정작 무엇을 위해 나를 혹사시키며 뛰고 있는지 잊어버리는 때가 많다. 그럴 때면 아버지의 기운 없는 뒷모습을 떠

올린다. 그리고 내 뒷모습을 바라보고 자라고 있는 아들을 떠올린다.

가난하게 태어나는 것은 죄가 아니다. 하지만 가난을 물려주는 것은 죄가 된다. 가난을 물려준다는 것은 돈이나 경제력을 물려줌을 뜻하는 게 아니다. 가난한 사고방식과 행동습관들을 물려주는 것을 뜻한다.

가난이 창피하지는 않았다. 단지 불편했을 뿐이다. 가난에서 벗어나기 위해 부모님은 얼마나 열심히 사셨을지 마음이 짠하다.
만일 부모님이 불평만 하고 나라 욕하고 현실에 안주한 채 게으르게 살았다면 나도 분명히 가난의 습성을 물려받아 나태했을 것이다. 금수저보다 백만 배 소중한 성실함과 강인함을 알려주신 부모님께 감사하다.

내 자녀에게도 물질보다는 근면함, 가족간의 화목한 분위기, 밝은 미소를 물려주고 싶다. 책에서 본 부자의 습성을 물려주고 싶다.

가난해도 행복하게 살 수 있다고 주장하는 사람들이 있다. 놀랍게도 가난의 잔인함, 냉혹함, 처절함을 느껴보지 못한 사람들이다. 아이러니하게도 이런 사람들이야말로 평생 돈에 목숨을 걸며 살아간다. 돈이 인생의 전부는 아니지만 돈 때문에 인생이 고통스럽다면 그때는 돈이 인생의 전부다.

친구가 많지 않은 나지만 가끔 만나는 오랜 친구가 몇 있다. 언젠가부터 나는 고등학교 친구들과 함께 주기적으로 세차를 하곤 한다. 사실 세차는 모이기 위한 핑계일 뿐이다. 우리는 한적한 평일 밤에 셀프 세차장에서 만난다. 오늘은 최 프로, 깐디, 설렌 버핏, 나 이렇게 넷이 모였다.

차를 각자 칸에 세운다. 물을 뿌린다.
촤아아아아.
비눗물을 뿌린다.
퐁퐁퐁퐁퐁.
차가 비누 거품으로 하얗게 뒤덮인다. 때를 불린다.

때가 불기를 기다리면서 넷은 한 군데로 모인다. 다른 사람들을 관찰한다. 다른 차들을 관찰한다. 열심히 하는 사람. 대충 하는 사람.

세차장에만 오면 이상한 기분이 든다. 여기에서는 가장 좋은 차를 타는 사람이 최고 같다. 마치 헬스장에서 가장 몸 좋은 사람이 최고인 것처럼. 차가 여기 있는 사람들의 서열을 세우는 것 같다. 내 차는 10년 동안 11만 킬로미터를 뛴 구형이다. 뿌듯하다. 말썽 없이 10년째 타고 있다는 사실이. 더이상 감가상각도 없다. 그러하기에 더 오래 타야 한다.

친구들은 최근에 다들 차를 바꿨다. 셋 다 중고차를 샀다. 신차보다 훨씬 싸고, 상태도 아주 좋다. 나도 차를 바꾼다면 중고차를 찾을 것이다.

중고차라도 친구들 차가 내 차보다는 신형이다. 부러운 게 몇 가지 있다. 통풍시트와 열선핸들. 여름에 에어컨을 아무리 세게 틀어도 등에 땀이 차는 것은 어쩔 수 없다. 작년 겨울에 회식 끝나고 김 부장 차를 운전한 적이 있는데 열선핸들은 신세계였다. 차디찬 손이 녹는다. 히터 앞에다 손을 갖다댈 필요가 없었다. 두 손으로 핸들을 더 꽉 잡는다. 덕분에 저절로 안전 운전이 가능하다.

아, 또 있다. 전동 트렁크. 열 때는 상관없는데 닫을 때가 불편하다. 특히 차가 더러울 때는 닫고 나면 손에 먼지가 묻는다. 무거운 것을 들고 닫을 때는 팔이 떨어져 나갈 것 같다.

요즘 트렁크를 손으로 닫는 사람은 지금 팀장인 최 부장님과 나뿐이다. 최 부장님과 나는 마치 누가 더 오래 차를 타나 시합을 하는 모양새다.

이 세 가지만 어떻게 안 되나, 늘 상상한다. 이 세 개 기능이 있는 차를 언제 바꿀지 상상만 해도 기분이 좋다. 막상 바꿔서 거기에 익숙해지면 소중함이 없어지고 더 편리한 기능을 갈구하겠지만.

3

세차를 끝내고 맥도날드로 간다.

우리는 감자튀김과 오레오 맥플러리를 시킨다. 감자튀김

에 맥플러리를 찍어 먹는다. 단짠뜨차(달고 짜고 뜨겁고 차갑고)의 상반되는 맛과 온도가 어우러져 환상적인 조화를 만들어낸다.

최 프로가 감자튀김 세 개를 잡고 아이스크림에 푹 찍으며 먹는다. 철근 같이 강력해 보이는 하관이 위아래로 움직이면서 말한다.

"세차하니까 스트레스가 확 풀리네. 이게 물을 뿌리면서 먼지 쓸어 내리는 쾌감이 있다니까."

"그런데 앞에 벌레 붙은 건 진짜 안 떨어지더라."

"그건 걸레로 좀 문지르든지 약품을 쓰든지 해야 할걸."

"가끔 큰 벌레 죽어 있으면 무서워. 내장이 다 보여."

"아까 옆 칸에 있던 사람 봤어? 손걸레로 비눗물 묻혀서 자기 몸 닦듯이 하더라. 난 그렇게는 못하겠던데."

"차는 밖에서는 그냥 보는 거고, 실내가 중요하지 않나? 나는 밖은 대충 물만 뿌렸어. 대신에 실내는 매트 기계에 넣어서 다 털고, 시트 밑이랑 사이사이 먼지 다 빨아내고, 전체는 걸레로 싹 닦고."

"그런데 손세차 맡기면 얼마야? 요즘 셀프 세차도 가격이 올라서 다 하면 거의 만 원은 쓰는 것 같아."

손세차 하니까 순간 가슴이 먹먹해진다.

김 부장님.

얼마 전에 땅을 보러 임장을 나갔다가 편의점에 들렀다. 옥수수 수염차를 마시고 있는데 맞은편 세차장에서 익숙한 얼굴이 보였다.

설마, 김 부장님?

큰 밀짚모자에 무릎까지 올라오는 파란색 장화를 신었지만 알아보기 어렵지 않았다. 5년간 매일 9시간을 봤던 사람이다. 김 부장님이 어떻게 지내는지 궁금했다.

4

멀리서 김 부장님을 지켜봤다.

손님으로 보이는 사람이 손가락질을 하며 계속 뭐라고 한다. 김 부장님은 모자를 벗고 죄송하다고 말한다. 모자를 벗으니 더욱 확실했다. 뭔가 잘못됐나 보다. 저렇게 김 부장이 안절부절못하며 죄송하다고 사과하는 모습은 처음 본다.

깔끔한 정장, 번쩍이는 구두, 고가의 시계, 명품 가방을 들고 다니던 사람.

진급 누락 없이 부장까지 승진했던 사람.

장표 작성의 달인.

회사에서 치이도록 바쁘게 사는 게 인생의 동력이던 김 부장님.

교육, 사회, 문화, 관습이 만들어놓은 전형적인 사람.

밑그림이 그려진 스케치북에 열심히 색칠만 하면 되었던 존재.

새로운 것을 그리는 것보다 정해진 도안에 익숙한 중년.

50년 넘게 살면서 남의 그림에 색칠만 하다가 자신의 그림은 정작 그려본 적이 없는 어른아이. 그야말로 백지상태.

정 대리가 부동산중개소에서 봤다고 해서 거기서 일하는 줄 알았다. 부동산은 잘 어울린다고 생각했다. 그런 김 부장을 세차장과 연결시키기는 힘들었다. 퇴직한 지 오래된 것도 아닌데. 인생은 진짜 모르는 일인 거 같다.

인사를 하고 갈까, 잠시 고민했다. 자존심 강한 분이니 아는 사람과 마주치기 싫을 것 같았다. 나를 보는 게 오히려 상처가 되겠지.

계속 보고 있으려니 김 부장님이 세차하는 모습이 꽤나 어울린다는 생각도 든다. 역시 직업이란 적성이 아니다. 적응이다.

인사를 할지 말지 망설이는 사이, 어느새 사태는 정리되어 있다. 그런데 김 부장님이 다른 남자와 같이 이쪽으로 걸어오고 있는 게 아닌가. 김 부장님의 친구처럼 보이는 저 남자는 뺀질뺀질해 보이는 것이 왠지 별명이 놈팽이일 것만 같다.

여기서 기다렸다가 자연스럽게 인사를 할까, 잠시 생각하다가 그냥 내 차로 들어간다.

김 부장님은 친구로 보이는 사람과 삼각김밥을 사 먹는다. 얼굴이 꽤나 볕에 탄 것이 보인다. 핼쑥해졌다. 그래도 표정이 좋아 보인다. 회사에서 보던 모습과 다르다. 진짜 웃음이다. 좋은 친구인가 보다. 웃는 그를 보니 나도 기분이 좋다.

김 부장님과 그의 친구가 즐겁게 대화하는 모습을 뒤

로 한 채 나는 액셀을 밟고 자리를 떠났다. 그것이 내가 김 부장님을 본 마지막 순간이었다.

5

세차를 같이 한 친구들은 전부 회사원이다.

우리는 전형적인 회사원 코스를 걸었다. 대학을 졸업하고, 취업을 하고, 결혼을 하고, 과장이 되고, 몇몇은 차장이 되었다.

모두 10년 혹은 12, 13년 직장 생활을 한 평범한 회사원이다. 30대 후반인 우리의 주제는 역시 돈이다.

내가 인정하는 투자의 귀재 설렌 버펏이 말한다.

"나는 내 와이프가 임원 달았으면 좋겠어."

"왜?"

"내가 회사 빨리 그만두게."

"야, 빨리 녹음해. 쓰레기네, 이거."

"아니 나는 딴 일 하고. 뭐 그런 거지."

강철턱 최 프로가 말한다.

"지금 다니는 회사 너무 좋아. 물려줄 수 있다면 우리 애들한테도 물려주고 싶어."

이건 또 무슨 소리야. 부속품이자 노예 같은 월급쟁이 자리를 물려준다고?

나는 헛웃음을 치며 말한다.

"에이, 무슨 월급쟁이를 물려줘. 언제 목이 날아갈지 모르는데."

"쉽게 안 자르고, 안정적이고, 월급도 높은 편이고, 회사 이름도 있고. 나는 좋은데?"

"50세 넘으면 위태롭고 불안하지 않을까?"

"30세부터 50세까지 20년이면 꽤 긴 시간인데 그 시간 동안 마음 편히 사는 게 어디야. 만약에 25세부터 55세까지 꽉 차게 다니면 30년, 정년 연장이 되면 35년. 35년 동안 재미있게 다니는 거지. 그리고 우리 회사 임원들은 즐거워 보이더라. 안 믿기겠지만."

나는 회사의 임원들을 생각하며 다시 반박한다.

"우리 임원들은 매년 실적 걱정에, 재계약 걱정에, 술자리에, 완전 회장님 오른팔 역할 하느라 머리가 다 빠졌던데.

나는 최대한 현금 흐름 넉넉하게 만들어서 퇴사하는 게 답이라고 봐. 자기 삶을 위해서."

"그건 회사 나름, 사람 나름이지. 나랑 친한 전무는 회사가 너무 좋대. 힘들지도 않대. 매년 초에 성과급 받는 것도 뿌듯하고. 회사 콘도 쓰는 것도 너무 좋고. 시간 지나면 자녀 학자금도 나오고. 누릴 수 있는 것을 누리는 것도 중요한 것 같아."

"그래? 흠……."

빨리 퇴사하고자 하는 나의 생각과 최 프로의 생각은 많이 다르다.

나랑 가까운 사람이 이런 생각을 할 줄이야.

옆에 있던 친구 간디가 말한다.

"나도 회사는 끝까지 다닐 거야. 회사가 아무리 나를 부려먹는다 해도 내가 회사를 부려먹으면 돼."

"네가 회사를 어떻게 부려먹어?"

"회사가 나를 일하는 기계라고 생각한다면, 나는 회사를 돈 주는 기계라고 생각하면 되지."

"하루에 절반 이상을 회사에서 보내는데 그러기엔 너무

시간이 아깝지 않아?"

"나는 놀면서 일해. 커피 공짜로 줘, 과자 공짜로 줘, 점심밥 공짜로 줘, 같이 노닥거릴 사람들도 많아, 얼마나 좋아? 팀장 기분만 좀 맞춰주고, 일이야 매일 하던 일이니 어려운 것도 없고. 너무 편하고 좋아. 매년 월급 오르는 것도 좋고."

"이 사람들이 큰일 날 소리 하네. 너희들이 정리해고 시즌에 부장, 대리 할 것 없이 집에 가는 상황을 못 봐서 그래. 우리 팀장도 공장 발령 났다가 퇴직했어."

깐디가 말한다.

"우리 회사도 공장 발령 낸 적 있는데 그렇게 되지 않도록 어느 정도는 해야지. 나 열심히 하는 사람이다. 보여주기식 퍼포먼스도 가끔 해주고. 너도 회사 다녀서 알잖아. 그리고 장점이 얼마나 많은데. 주말에 따박따박 쉬고, 월급 따박따박 나오고, 요즘은 휴가도 마음대로 쓸 수 있어서 놀러가기도 좋고. 안 그래?"

"퇴직하고 나서는 어떡하게? 뭐 할지 막막하잖아."

"그런 부분도 있는데 그건 어떤 직업이나 마찬가지야. 미래는 모두 불투명해. 그 시간이 다가오는 동안 준비하면 되지. 직장 다니는 게 무조건 나쁜 건 아니야."

"우리는 그냥 사장한테…… 아, 아니다."

"송 과장, 나는 회사를 내 비즈니스 파트너라고 생각해."

"무슨 말이야?"

"사장이든 회장이든 우리를 월급 루팡으로 볼 수도 있고, 충실한 직원으로 볼 수도 있고, 하나의 부품으로 볼 수도 있고, 그저 비용으로 볼 수도 있는데 우리는 그런 거 생각 하지 말자고. 사람들이 우리를 어떻게 생각하는지는 알 필요 없어. 그냥 우리 재능과 노동력을 그 사람들한테 파 는 거야. 팔고 돈을 받는 거야. 장사하듯이. 비즈니스 파트 너처럼."

나와 생각들이 다르다. 어떻게 회사를 계속 다닐 생각을 하는지 이해가 가지 않는다.

고등학교 때 공부 꽤나 했던 애들이 어떻게 저런 생각을 할 수 있지?

참 순진하다. 세상을 모르는 것 같다.

회사를 인생의 터전으로 생각하다니.

날 잡고 한 번 제대로 설명해줘야겠다.

그렇게 신나게 놀다가 집으로 향한다.

6

시간이 늦어서인지 도로에 차가 없다.

창문을 연다. 선선한 바람이 들어온다. 5분쯤 갔을까. 갑자기 차가 한쪽으로 기운다.

어, 어?

계기판에 불이 들어온다. 공기압이 낮다는 알람이다. 갓길에 세운다. 내려서 보니 한쪽 타이어가 주저앉아 있다. 핸드폰 불빛을 비춰 보니 타이어에 못이 박혀 있다.

갑자기 뾰족한 못 하나가 이마를 관통해 뒤통수를 통과하는 것 같은 느낌이다.

아, 나도 꼰대였다. 내 방식이 무조건 맞다고 생각하고 있었다. 내 경험이 무조건 맞다고 믿고 있었다.

회사는 나를 먹여 살려주지 않는다. 퇴사만이 정답이라고 각인되어 있지만, 회사는 도움이 되고 일할 만한 가치가 있는 곳이라고 생각하는 사람들도 있다. 각자 살아가는 방식이 있고, 각자 추구하는 가치가 있고, 각자 선택하는 기준이 있다.

내가 그동안 회사라는 곳은 공허함과 허탈감만 있다고 정의 내려버린 것은 아닌지.
내가 주인이 아니라고 해서 회사생활에 대한 의미를 내마음대로 접어버린 것은 아닌지.
30대를 보낸 직장에서의 가치와 존엄성을 무시해왔다. 존엄하지 않은 일은 없다. 방향과 방법만 다를 뿐이다.

순진하고 세상을 모르는 것은 친구들이 아니라 바로 나였다. 돈만 모이면 언제든지 때려 치울 생각만 하고 있었으니 회사 일이 재미있을 수가 없었고, 의미를 부여할 수가 없었다. 회사를 성장할 수 없는 곳이라고, 성장이 없는 곳이라고 여겼다. 그런 마인드로 하루의 절반을 보내는 회사에서 시간 낭비를 하고 있었다.

회사가 없었다면 지금의 나도 없었을지 모른다. 일과 사생활을 철저히 분리하려고 일부러 그렇게 생각을 한 것인지, 빠른 은퇴가 멋있어 보여서 그런 것인지, 회사에 정이 들까봐 그런 것인지, 아니면 진심으로 그런 생각을 하고 있는 것인지, 이 부분은 아직도 잘 모르겠다.

취업준비생들이 늘어만 가고 있고, 취업준비생들 가운데 많은 수가 공무원 시험 준비를 하고, 취직했다 하더라도 2, 3년 만에 이직하는 사람들이 폭발적으로 증가하고 있는 현상을 지켜보며 어쩌면 10년째 다니는 이 직장이 어쩌면 나와 잘 맞는 것일 수도 있고, 잘 맞지 않더라도 이미 잘 적응했다는 의미일 수도 있다. 그저 스트레스의 대가라고만 생각했던 월급의 가치와 노동의 존엄성이 이제야 조금씩 다르게 보인다.

내가 남의 삶의 방식을 옳다, 그르다 할 자격도 없다. 그럴 필요도 없다. 모두가 같은 생각만 하고 산다면 세상은 얼마나 재미없을까. 이런 사람도 있고 저런 사람도 있기에 아름다운 것이 아닐까.

'인생은 멀리서 보면 희극, 가까이서 보면 비극'이라는 말이 있지만 '멀리서 보면 드라마, 가까이서 보면 영화'라고 말하고 싶다. 극적인 장면들이 한데 모여 있는 단편영화가 이어져 장편 드라마로 만들어지는 게 인생이다.

다시 시간을 돌릴 수만 있다면 작별의 편지를 쓰고 차 키를 들고 내려가 시동을 거는 그날의 나를 꽉 안아주고 싶다.

7

오늘은 박 사장님을 만나러 간다.

어제 계란말이에 막걸리 한잔하자고 연락이 왔다. 자주 시켜먹는 계란말이집은 케첩을 안 줘서 나는 아내에게 허락을 받고 가방에 케첩을 챙겨서 간다. 케첩은 역시 하인즈다.

박사장님 사무실에 도착한다. 거대한 벤츠 S클래스는 없고 소형 SUV가 서 있다.

"사장님, 안녕하세요!"

"송 과장 왔어? 계란말이 시켜놨어. 케첩도 하나 사뒀지. 하하."

"어? 저도 케첩 가지고 왔는데요."

"역시 사람은 다 비슷한가 봐. 케첩이 없어서 뭔가 아쉬웠는데 자네도 그렇게 느꼈나 보네. 버스 타고 오느라 힘들었지? 와서 막걸리 한잔해."

"네."

박 사장님이 막걸리를 냉장고에서 꺼내 커피잔에 따라주신다. 나는 두 손으로 받아 한 모금 마시며 입을 축인다. 시원하다.

우리의 대화 주제는 역시나 부동산이다.

"자네 회사 사람들이 요즘 집 얘기 안 해?

"많이 해요. 너무 올라서 다들 속상해해요. 그런데 지금 집값 어떻게 보세요?

"사람의 욕심을 숫자로 계산할 수 있으면 얼마나 좋겠어? 어떻게 보면 주식이나 부동산 같은 자산이라는 게 욕심에 의해 움직이는 것 같다니까. 심리가 중요하다고 하잖아. 내가 보기에는 말이 좋아 심리지 그냥 욕심인 것 같아."

"그러게요. 적당한 욕심은 긍정적인 원동력이 되지만 과하면 탐욕이 되고, 그게 자산시장을 부풀릴 수도 있는 것 같아요."

"자산 값에 욕심이 얼마나 끼어 있는지 알 수 있다면 투자는 참 쉽겠지. 모든 사람들의 가슴에서는 용암이 부글부글 끓어. 그래서 머리에서 냉각수로 계속 식혀줘야 해. 냉각수가 없으면 주식은 매수버튼을 급하게 클릭을 하고, 부동산은 계약서에 급하게 사인을 휘갈기고. 그런 식이겠지. 가슴은 뜨겁게 머리는 차갑게, 그런 말도 있잖아."

딸랑딸랑.
문을 열 때 들리는 고주파수의 종소리다.
"안녕하세요, 사장님. 시키신 계란말이 두 개 왔습니다."

"사장님, 두 개나 시키셨어요?"
"쌀밥 먹으면 살찐다고 해서 밥 대신 먹는 거야. 자네가 좋아하기도 하고."
"잘 먹겠습니다, 사장님."

박 사장님은 미리 꺼내둔 케첩을 찻잔에 짠다. 계란말이 위에 바로 뿌리지 않아 다행이다. 아마도 예전에 탕수육 소스를 붓지 않고 찍어먹는 나의 성향을 파악하신 듯하다. 이런 사소한 배려가 상대방에 대한 신뢰와 감사를 갖게 한다.

푸푸 푹 푸우푹.

처음에 공기만 나오다가 불그스레한 케첩이 쭉 빠져 나온다.

공기만 나올 때는 시끄럽고 케첩이 나올 때는 조용하다.

빈 수레는 요란하고 꽉 찬 수레는 조용하다.

현명한 사람은 무겁고 그렇지 않은 사람은 가볍다.

나는 하던 말을 계속 이어간다.

"그럼 그 끓는 용암은 어떻게 식히고, 냉각수는 어떻게 만들죠?"

"부지런한 발."

"네?"

"자네가 그래도 여기까지 올 수 있었던 게 그 발 때문 아니야? 난 그것 때문이라고 보는데."

"저는 그냥 책에서 무조건 직접 눈으로 봐야 한다고 해서 그렇게 한 것뿐인데요."

"그래. 잘했어. 직접 보지 않고 자산을 산다는 건 목소리만 듣고 결혼하는 것과 같은 거야."

"와, 그 정도예요?"

"하하, 비유가 너무 심했나? 만약에 내 마누라가 내 목소

리만 듣고 결혼했으면 도망갔을 거야. 내가 목소리 하나
는 끝내주잖아. 농담이고. 아까 하던 집값 얘기하자면 나
도 어떻게 될지 예측하기는 힘들어. 이성적으로 차곡차곡
올라간 견고한 시세인지 광기에 의해 비이성적으로 올라
간 시세인지 말이야. 이건 시간이 지나봐야 알 수 있을 것
같아. 자산에 버블이 끼어 있다는 말은 지나친 욕심이 끼
어 있다는 말과 같거든. 자산이 싸다는 것은 사람들의 욕
심이 들어올 공간이 마련되었다는 뜻이고. 그래서 인간의
욕심을 숫자로 계산할 수만 있다면 얼마나 좋겠어. 자네가
한 번 그런 계산기를 만들어봐."

"사장님도 집값이 내려갈지 올라갈지 예측하기 어렵다는
말씀이신가요?"
"한 지역만 파고들면 알 수 있겠는데 전체 시장을 예측하
기는 어려워. 주변 사람들이 요즘 많이 물어보는데 사라고
하기도 그렇고, 사지 말라고 하기도 그렇고. 나도 뭐라고
해야 할지 모르겠어. 대신에 사지 말아야 할 것들은 확실
하게 사지 말라고 말해주지."
"어떤 거요?"

"예를 들어 유령회사 주식, 지역주택조합, 신도시 상가, 호텔분양 이런 거. 부동산은 특히나 시세보다 싸게 준다고 한다는 건 거의 다 사기라고 보거든. 자네도 누가 물어보면 스스로 몇 군데 정한 다음에 부지런히 직접 돌아다녀보라고 해. 인터넷으로만 깨작거리지 말고. 그래야 그 사람도 현실을 제대로 느끼고 들끓는 마음을 좀 추스를 수 있어. 자자, 한잔해."

우리는 서로의 잔을 가볍게 부딪힌다.

"이건 다른 얘기인데요. 가끔씩 여기는 괜찮을 것 같다, 느낌이 좋다, 잘될 것 같다, 반대로 이건 좀 아닌 것 같다, 이런 직감이 들 때가 있잖아요. 그런 건 어떻게 생각하세요?"

"경험 많은 사람의 느낌은 단순한 감각이 아니라 실력일 거야."

"실력이요?"

"그래, 실력. 여자들 촉이 왜 잘 맞는 줄 알아? 미세한 표정, 말투, 목소리, 몸짓의 변화를 잘 파악하기 때문인데 그런 능력이 그냥 생긴 게 아니라 상대방에 대한 정보가 차곡차곡 쌓였기 때문이지. 일부러 그 정보를 수집한 게 아니라

같이 지내다 보니까 무의식 중에 저장된 거야. 부동산 투자도 계속 하다 보면 자기도 모르게 데이터가 쌓여서 직감처럼 느껴지는 빠른 판단 능력이 생길 수밖에 없어. 이래서 내가 마누라한테 거짓말을 못해. 다 걸려. 자네도 마누라한테 사소한 거라도 거짓말할 생각도 하지 마."

"네, 명심할게요."

"경험이 없는 사람들이 차라리 나아. 어설프게 경험이 있는 사람의 직감은 허상을 아름답게만 보려 하거나 반대로 부정적으로만 보려는 망상이자 공상이지. 이런 사람들을 좀 깨워야 하는데 다들 자는 척한단 말이야."

"자는 척이요?"

"자는 사람은 흔들어서 깨우면 되는데 자는 척하는 사람들은 아무리 흔들어도 일어나지 않아. 아예 아무것도 모르는 사람은 처음부터 가르치면 되는데 이상한 것들을 배워서 엉뚱한 신념과 지식이 굳어버린 사람들은 거기에서 벗어나는 게 힘들어. 그래서 첫 단추, 첫발이 중요한 거야. 자, 마지막 한잔하지."

우리는 커피잔에 담긴 막걸리를 후루룩 마신다. 각자 앞에 놓인 계란말이는 다 먹고 없다. 찻잔 위에 뿌려진 케첩은 거의 다 없어지고 계란말이가 이리저리 쓸고 간 흔적만 남았다.

8

다음 날 아침, 정 대리가 즐거운 표정으로 말을 건다.

"송 과장님, 혹시 지역주택조합이라고 아세요?"

"어…… 왜?"

"그거 조합원 되면 분양 싸게 받을 수 있다고 해서 상담받고 왔거든요. 대박이에요. 완전 시세의 반값이에요. 왜 이걸 이제 알았나 몰라요."

나는 눈을 지그시 감았다가 뜨고는 말을 잇는다.

"정 대리, 회사 선배가 아니라 형으로서 말할게. 그거, 쳐다보지도 마."

"왜요? 유명 건설사가 짓는 걸로 확정됐다던데요? 위치도 완전 좋아요. 역세권이에요, 역세권."

"그렇게 좋은 건설사에 좋은 위치에 좋은 가격에 나왔는데 그 좋은 아파트를 왜 정 대리한테 줄까 생각해봤어?"

"사업 진행 90퍼센트 이상이고, 승인도 거의 다 완료돼서
몇 개월 안 남았대요."

"그러니까 말이야. 그렇게 저렴하고 좋은 아파트인데 왜 매
물이 아직 있을까? 지역주택조합은 100개 중에 1개가 성
공할까 말까야. 중간에 조합장이 도망가는 경우도 있고,
사업이 중단되는 경우도 있고, 경우의 수가 너무 많아. 제
발 그건 쳐다보지도 말아줄래, 응? 우리 정 대리야."

"아…… 그런 거예요……?"

"그래. 부동산 카페나 유튜브에 '지역주택조합' '지주택'
검색만 해도 금방 나와. 안 그래도 김 부장님이 신도시 상
가 사신 거 같아서 속상한데 정 대리 너까지 이러지 말자.
형이 부탁한다. 응?"

"완전 대박처럼 보이는데……."

부동산 박 사장님과의 김치찌개가 생각난다.

"그거 돼지고기 없는 김치찌개야."

"네?"

"아니다. 김치도 없는 김치찌개야. 그냥 빨간색 물감이야."

"무슨 말씀이신지……."

"지금 청약 시장 완전 뜨거운 거 알지?"

"네."

"수십 년 동안 당첨 안 되는 사람들이 수만 명, 수십만 명이야. 그 사람들이 바보일까? 분양가의 반값이라면 다 그거 사지. 왜 청약을 기다려. 안 그래?"

"몰라서 그런 거 아니에요?"

"정 대리는 어떻게 알았어?"

"문자 받고……."

"그 문자 서울역 노숙자한테도 가고 초등학생한테도 가고 나한테도 와. 그냥 정 대리 개인정보가 털린 거야."

"……."

"정 대리 마음 알겠는데 조급해하지 마."

이렇게 불안할수록 수영장에서 수영 한 번 배워보지 않고 바다로 뛰어든다. 모든 사람이 그렇듯 자신의 상황과 환경이 바뀌면 이성과 감정이 균형을 잃고 비상식적이고 경솔한 선택을 하게 된다.

"그런데요, 송 과장님. 저 너무 늦은 거 아닐까요?"

"뭐가 늦어?"

"주식이든 부동산이든 공부하면서 재테크하는 거요."

"만약에 정 대리한테 고등학생이 와서 '저 좋은 대학 가기엔 그른 것 같은데 인생 망한 거 아닐까요?'라고 물어보면 뭐라고 대답해줄 거야?"

"'야 이 자식아, 늦긴 뭐가 늦어. 이제 고딩이. 좋은 대학 갈 시간 얼마든지 있어. 그리고 대학이 전부인 줄 알아? 대학은 그냥 따라다니는 꼬리표고 세상에 할 일 널렸어'라고 할 것 같은데요."

"봐, 정 대리도 아주 잘 알면서 그래. 이제 30대 초반이 늦었다고 하면 곧 마흔을 바라보는 나는 인생 끝이겠네."

"아…… 그, 그건……."

"늦었다고 해서 살던 대로 살지 않았으면 좋겠어. 합리화할 거리를 만들지도 않았으면 좋겠고. 선택하는 것에 대가와 책임이 따르고, 선택하지 않는 것에도 대가와 책임이 있어. 가만히 있는 것도 가만히 있기로 본인이 선택한 것의 결과거든."

"저 방금 엄청 찔렸습니다. 그런데 금수저들은 이런 생각

조차 안 하겠죠? 과장님도 금수저들이 부러운 건 마찬가
지인가요?"

"뭐, 나도 가끔씩 부러울 때도 있지. 하지만 돈이라는 것
은 벌 수도 있고 모을 수도 있고 쓸 수도 있고 없으면 은행
가서 빌릴 수도 있잖아. 사람이 어떻게든 할 수 있다는 얘
기야. 하지만 시간은 대출이라는 게 없어. 따로 어디에 쌓
아둘 수도 없고 버릴 수도 없어. 누구에게나 공평해. 그래
서 그 시간을 더 알뜰하게 쓴다면 얼마든지 금수저들을
역전할 수 있다고 생각해."
"시간…… 맨날 누워서 티비 보고 핸드폰 보고…… 한숨
만 나오네요."
"신용카드 정지당한 신용불량자보다 시간을 낭비한 시간
신용불량자가 나중에 더 비참하고 초라해진다면 이해가
빠르려나?"

"헉, 저는 그 둘 다……. 너무 뼈 때리시는 거 아닙니까?
뭔가를 열심히 해본 기억이 너무 오래되어서 제가 뭘 할
수 있을지 모르겠어요."
"정 대리 운동화 모은다고 했지? 어디 제품이지? "

"나이키요."

"그럼 나이키 슬로건 잘 알겠네."

"그…… '저스트두잇'이요?"

"응, 그냥 해. 아무 생각하지 말고 그냥 해봐. 혼자 시작하기 힘들면 나랑 임장 한 번 같이 가자. 부동산 말고 주식하고 싶으면 내가 아는 슈퍼개미 형이 있는데 같이 밥 한번 먹든가. 일단 뭐라도 누구와 같이 해보면 그걸 해야 할원동력이 조금은 생겨. 그런 원동력이 더 필요하면 한 번만 더 해보면 돼."

"언제부터 하면 될까요? 주말 지나고 다음 주 월요일 정도면 좋겠지요?"

"금수저 은수저 같은 배경 조건에 관해서는 핑계를 댈 수있어. '나는 흙수저니까 불리한 조건이다'라는 식으로. 그런데 시간은 누구에게나 공평해서 핑계를 댈 수가 없어. 그게 더 무서운 거야. 그러니까 오늘 퇴근길에 동네 주변 한바퀴 돌다가 부동산에 들어가든지 여의도에서 주식 좀 하는 친구 있으면 만나든지 해. 대신 둘 중 하나만 정해."

"네. 생각해볼게요."

"그리고 지역주택조합은 당장 버려."

"알겠어요. 식사하러 가실까요?"

"오늘은 나가서 먹자. 뭐 먹고 싶어?"

"돈까스요."

"어제도 돈까스 먹었는데 오늘도?"

"네, 돈까스 좋아해요."

"좋아. 그런데 회사 주변에는 왜 이렇게 돈까스 집이 많을까? 사람들이 돈까스를 정말로 좋아해서 먹는 건지 먹기 편하고 익숙해서 먹는 건지 모르겠네."

"몰라요, 저도. 가시죠."

9

진급자 발표날이다.

우리 팀은 권 사원이 대리로 진급할 차례다. 아, 박 과장님도 10년째 과장에서 벗어나 차장으로 진급할 차례다.

회사 사내 사이트에 진급자 명단이 PDF로 올라왔다. 조심스레 클릭하여 스크롤을 한다.

권…… 권…… 권…… 권씨 성을 찾는다. 보이지 않는다.

다시 처음으로 돌아가서 천천히 스크롤 한다. 중간 중간 권 사원 동기들 이름이 보인다. 그런데 권 사원은 없다. 권 사원의 동기들은 대부분 진급한 것으로 아는데 권 사원은 하지 못했다.

고개를 살짝 돌려 권 사원을 본다. 무표정이다. 모니터를 멍하니 바라보고 있다. 내가 과장 진급에서 미끄러졌을 때의 표정과 똑같다. 그때 주변에서 진급 별거 아니라고 했던 말이 기억난다. 나도 권 사원에게 가서 진급 별거 아니라고 말해주고 싶지만 할 수 없다. 동정이나 위로 따위는 필요 없을 것이다. 그저 선배로서 미안할 뿐이다.

내 옆에 있는 정 대리와 옆에 옆에 있는 권 사원.
내가 아끼는 후배들.
비교하기 그렇지만, 비록 권 사원이 진급은 못했더라도 권 사원에게 남은 것은 집이고 정 대리에게 남은 것은 카드값이다. 김 부장님에게 남은 것은 현명한 아내분과 아내분을 빼닮은 자녀와 별명이 놈팽이일 것 같은 친구다.

"송 과장님!"

며칠이 지났을까. 퇴근하는데 익숙한 목소리가 나를 부른다.

권 사원이다. 퇴사를 한다고 한다.

대기업의 단점은 사람이 많다 보니 누가 진짜인지 누가 가짜인지를 알기 쉽지 않다는 데 있다. 회사 입장에서는 신입 사원을 입사시키고 교육시키고 일을 제대로 하기까지 투자를 했는데, 가장 왕성하게 실무를 진행할 사원에서 대리급이 퇴사를 하는 것은 굉장한 손해다. 더구나 권 사원 같은 괜찮은 친구라면 더더욱. 아까운 인재가 또 회사를 떠난다.

10

몇 달 뒤, 정 대리는 해당 지역주택조합의 조합장이 사기혐의로 구속되었다는 뉴스를 보여주며 공차를 쏘겠다고 한다.

나는 라지 사이즈에 엑스트라 펄을 주문한다.

"송 과장님, 저도 좀 제대로 살아볼까 하는데요. 뭐부터 해야 할까요?"

"사실 나도 뭐가 정답인지는 잘 모르는데 그동안 경험하고 인생 선배들로부터 배운 것들을 말하자면…… 정 대리

혹시 아직도 다른 사람들 인스타그램 보면서 부러워해?"

"친한 친구가 그렇게 되고 나서 한동안 안 봤는데…… 요즘 또 보기 시작했어요."

"내 얘기 하나 해주자면 부산 출장 갔을 때 돼지국밥을 진짜 맛있게 먹고 있었어. 김치랑 깍두기랑 같이 신나게 먹고 있는데 옆 테이블에서 '아, 냄새 나' 그러는 거야. 그런데 신기하게 그때부터 냄새가 나는 것 같아서 못 먹겠더라고. 신기하지 않아? 그 전까지는 엄청 맛있게 먹었는데 말이야. 이렇게 사람 귀가 가벼워. 정 대리 친구들 만나면 무슨 얘기해?"

"회사 욕으로 시작해서 게임 얘기, 자동차 얘기, 그런 얘기 해요. 그리고 그 친구들 뭐 샀다고 보여주는데 그런 거 보면 장난 아니에요."

"그 부자 친구들?"

"네."

"부자들이 돈 쓰는 거를 부러워하지 마. 돈이 많으니까 쓰는 거야. 그리고 그 사람들이 써야 경제가 돌아가지. 부자들이 돈 많이 쓴다고 우리 같은 사람들이 같이 많이 쓰면 어떻게 될까?"

"무슨 말씀이신지……."

"바꿔서 부자들이 검소하게 사는데 평범한 사람들이 그 사람들보다 더 많이 쓰면 어떻게 될지 생각해봐."

"부자들은 아끼고 저 같은 일반인들은 쓰고……."

"그게 부익부 빈익빈이야. 그런 환경부터 바꿔야 해. 그 친구들을 버리라는 게 아니라 자기계발에 노력하는 친구들을 만나. 나도 내 동기들 놀러 다닐 때 왜 안 가고 싶겠어. 대신 부동산 사장님들을 만나러 다녔지. 결국 선택인 건데 정 대리는 지금 뭘 포기할 수 있어?"

"무슨 포기요?"

"지금 정 대리가 가지고 있는 것 중에 뭘 버릴 수 있는지 생각해봐. 예를 들어 친구들 만나는 거, 먹고 마시는 거, 쇼핑하는 거, 또 거기에 소요되는 시간들. 나는 이런 것들을 포기했거든."

"아직 생각해본 적이 없어요."

"내가 만일 정 대리라면 비트코인에 들어가 있는 돈 다 빼고, 인스타그램앱부터 지울 거야."

"비트코인이요? 그건 마지막 희망 사다리인데……."

"지금 수익률 몇 프로라고 했지?"

"마이너스 60프로요."

"희망 사다리가 아니라 추락 사다리네."

"하긴 그래요."

"주문하신 음료 두 잔 나왔습니다!"

정 대리는 음료를 받아 나에게 건넨다. 나는 말을 이어간다.

"그리고 인스타그램 속에 존재하는 그렇게 잘생기고 멋진 사람들은 현실에서는 안 보이잖아. 그 사람들 다 어디 있는지 모르겠어. 현실에 없는 사람들을 부러워하는 것은 비현실을 동경하는 거야. 그런 것들을 우선 포기하면서 주변 환경을 바꿔봐. 인간이란 게 단순해서 동물들처럼 주변 환경의 영향을 절대적으로 받긴 하지만 또 동시에 동물과 다르게 그 환경을 본인이 선택할 수 있잖아."

"네. 그렇게 해볼게요."

우리 둘은 밀크티를 쭉 빨아 올리며 목을 축인다. 정 대리는 펄을 질겅질겅 씹으며 말한다.

"과장님, 솔직히 요즘 집값이 너무 올라서 박탈감이 커요."

얼마 전 동기가 했던 말이 생각난다. 정 대리마저 찍어달라는 말은 안 했으면 좋겠다.

"기다려. 기회는 오게 되어 있어."

"너무 올라서 이제는 불가능할 것 같은데요. 권 사원 집 사는 거 보고 왜 사나 싶었는데……. 지금은 제가 큰 실수한 것 같다는 생각도 듭니다."

"그게 실수인지 아닌지는 모르겠지만 정 대리가 실수한 것 같다는 생각이 들면 무엇이 부족했고, 앞으로 어떻게 하면 다시 같은 실수를 하지 않을지 고민해보면 되겠네."

"그러게요. 현실 부정만 실컷 한 것 같고요."

"요즘에 정 대리처럼 박탈감 느끼는 사람들이 많아져서 어떻게 말해야 할지 조심스러운데……."

"괜찮습니다. 말해주세요."

"상대적으로 뒤처진듯한 느낌, 좌절감, 이런 거 이해하겠는데 이럴 때일수록 정 대리 자신에게 더 집중해봐."

"무슨 말씀이신지……?"

"가장 소중한 자산이 뭔 거 같아?"

"주식? 부동산? 그런 거 아닌가요?"

"바로 정 대리 자신이야. 정 대리 자신이 바로 가장 소중한 자산이라고 생각해. 극단적인 상황이나 인물에 비교하자면 빌 게이츠나 스티브 잡스 같은 사람이 집값이 올라서 성공했을까?"

"아니죠. 사업한 사람들이죠."

"우리나라에서 자수성가한 사람들 한 번 봐봐. 집값 올라서 재벌이 되었는지."

"그러게요. 아니네요."

"나는 정 대리만큼 잘생기지도 않았고, 패션감각도 없고, 친구가 많지도 않고, 사람들과 어울리는 능력도 부족해. 그런 것 말고도 정 대리보다 부족한 게 많아. 나는 사실 정신적 결함…… 아무튼 문제가 좀 있어서 같은 일도 남들보다 어쩔 수 없이 더 많이, 더 오래 해야 했거든. 그래서인지 남보다 잘할 수 있는 것은 열심히 하는 거였어. 내가 그나마 잘할 수 있는 걸 찾은 거지. 정 대리도 정 대리만의 장점을 찾아보는 게 어때?"

"글쎄요. 저는 잘하는 게 없는 것 같은데요."

"왜 없어? 내가 보기에 정 대리는 패션센스가 좋아. 그동안 쇼핑하면서 느낀 점, 성공 사례, 실패 사례 같은 거 쭉 정리해봐도 좋을 것 같고. 매일 아침 어떻게 입고 출근하는지 왜 이 의상을 골랐는지 공유해도 좋을 것 같고. 정대리가 가지고 있는 아이템들을 소개하는 영상을 만들어도 될 것 같고. SNS를 이용하는 소비자 말고 정보를 제공하는 생산자가 되어보는 거야."

"제가 그런 걸 어떻게 합니까? 전문가도 아니고요."

"전문가가 아니니까 더 친근하지. 요즘 사람들은 일반인의 눈높이에서 마치 자기 친구가 설명해주는 것 같은 콘텐츠를 더 좋아해."

"저는 그런 재능이 없는데요."

"재능이 뭘까? 수십만 유튜버들이 어떤 재능이 있어서 그렇게 된 걸까. 나는 그들이 성공할 수 있던 요인은 구독자 수가 늘지 않아도, 비난하는 댓글이 달려도 오랜 시간 꾸준히 영상을 만들어 올렸기 때문이라고 생각해. 재주, 재능이라는 건 타고난 게 아니라 지속적으로 하는 힘, 힘들어도 꾸준히 버텨내서 결국에는 잘하게 되는 능력, 그런 게 아닐까 싶어."

"송 과장님 말씀은 재능이란 게 특별히 뛰어난 게 아니라 꾸준함이라는 거네요."

"응, 계속하다 보면 더 잘하고 싶은 욕심이 생기고, 뭔가 더 파고 싶은 마음이 생길 거야. 회사에서 인재로서 인정받아 연봉을 올리든지, 아니면 회사 밖에서 지속적으로 하면서 동시에 가치를 끌어올릴 수 있는 게 무엇인지 찾아봐. 하다 보면 몸이 힘들다기보다는 귀찮음이 더 클 텐데 그 귀찮음을 이겨내는 게 열쇠라고 봐. 몸이 힘들다고들 하지만 실제로는 마음이 힘든 거거든."

"귀찮음을 이겨낸다라……. 저 귀찮은 거 진짜 싫어하는데……."

"더 중요한 건 시작을 하느냐 하지 않느냐인데 대부분의 사람들은 시작조차 하지 않더라고. 정 대리가 뭘 할지는 모르겠지만 그 경계에서 하고 안 하고는 시간이 지나면 크게 벌어져 있을 거야. 그 또한 정 대리의 선택이지. 정 대리가 잘할 수 있는 게 여러 가지 있겠지만 그 중 가장 오래할 수 있을 것 같고, 가장 매력적이고, 가장 즐거울 것 같은 거 하나만, 딱 하나만 골라서 해봐. 투자는 분산투자를 할지라도 인생은 분산투자하지 말자, 우리."

정 대리는 곰곰이 무언가를 생각하는 듯 아무 말이 없다.

밀크티를 다 마시고 남은 얼음을 입에 넣고 이리저리 굴리며 정 대리가 입을 연다.

"그런데 송 과장님, 사람들이 왜 집, 집 하는지 모르겠어요. 집은 한 채 있어야 하는 거예요?"

"나 같은 경우는 집 주인이 보증금 올려달라, 월세금 올려달라 할 때마다 협상하는 것도 불편하고, 이사 다니는 것도 힘들고 해서 사긴 했는데 한편으로 자산이라는 측면에서도 의미를 두긴 했어. 우리가 출장 갈 때 기차 타잖아. 기차라는 것이 있어서 먼 곳도 빨리 갈 수 있는 거고. 마찬가지로 우리 돈도 달리는 기차에 태워야 해."

"그 기차가 자산…… 인가요?"

"맞아. 기차를 타려면 목적지를 정하고, 표를 사고, 역에 가서 플랫폼이 어딘지 확인하고 타야 하잖아. 그리고 기차표를 지불할 돈이 있어야 뭔가 할 수 있겠지? 그 돈을 모으면서 어느 목적지로 갈지 어떤 기차를 탈지 미리미리 알아보는 거야. 그 기차표 값이 흔히 말하는 종잣돈인데 돈을 모으는 과정은 진부하고 지루하고 때로는 처절하기까지 해. 많은 것을 포기해야 할 수도 있어. 그런데 그 종잣돈을 빨리 모으기 위해서 또 주식 사고 코인 사고 그러는 건 절대 안 돼. 회사 끝나고 아르바이트를 하든지 뭘 하든지 간에 일을 해서 모아야 해. 중간에 종잣돈을 빨리 모으려고 어딘가에 투자하고 싶은 유혹이 있을 수 있는데 그럴 때 한눈팔지 않는 것이 중요해."

"흠……."

"그리고 중요한 거. 자신의 상황에 맞지 않게 무리해서 비싼 기차표를 사서 아무것도 못하고 근로소득 대부분을 이자나 다른 유지비에 쓴다면 그건 자산이 아니야. 폭탄이 될 수도 있어. 항상 리스크를 염두에 두고 있어야 해."

"하아……. 그런데 불안하고 부럽기도 하고…… 솔직히 그래요. 우울하기도 하고요. 집값 좀 떨어졌으면 좋겠어요."

"집 가진 사람들은 무조건 오르기를 바라고, 없는 사람들은 떨어지기를 바라고. 그렇게 자연스럽게 상승론자와 하락론자가 되어버린 경우를 봤는데 정 대리는 시장론자가 되었으면 좋겠어. 한쪽으로 편중되지 않고 중간에서 양쪽을 다 볼 수 있는 그런 사람 말야."

"상승론자도 아니고 하락론자도 아닌 시장론자……. 어렵네요."

"우리 상무님, 최 이사님, 김 부장님, 그리고 나를 봐봐. 집
값 오르긴 했는데 뭐 달라진 거 있어? 정 대리가 원하는
트리마제에 페라리는 꿈도 못 꿔. 예전하고 똑같아. 왜냐
하면 소득은 그대로거든. 세금만 늘었어. 만약에 하락기가
오면 어떻게 될지 생각해봐. 안절부절못하거나 불안해하거
나 뭘 해야 할지조차 모르는 사람들이 대부분일걸? 그 사
람들은 본인들이 집을 소유하는 게 아니라 집이 그 사람
을 소유하고 있는 거야."

"갑자기 비트코인이 생각나네요. 실시간으로 거기에 매달
려서 오르면 좋아 죽고, 떨어지면 화가 치밀어 오르던 기
억도 나고요. 생각해보니 비트코인이 제 목덜미를 잡고 있
는 거네요."

"지금처럼 불안한 상태에서 지르는 것은 투자가 아니야.
불안을 상쇄하려는 자위행위에 불과해. 생각해보면 투자
라는 것은 실력과 시간의 차이인 것 같아. 우선 시간은 자
동으로 가. 멈출 수가 없어. 반대로 실력은 스스로 키워나
가야 해. 그러다 어떤 시간이 찾아왔을 때 자신의 실력과
종잣돈으로 꽉 붙잡으면 돼. 그런데 실력과 종잣돈이 없으
면 그 시간이 왔는지 갔는지조차 모르지. 기회는 늘 오게

되어 있어. 늘 그래 왔어."

"기차표 값을 모으고, 실력을 키우고, 타이밍을 주시하
고…… 이건가요?"
"그래. 정 대리가 기차표 값을 모으고, 실력도 키우고 있을
때 또 하나 알아야 할 것은 기차의 목적지는 각각이 다르
다는 거야. 곳곳에 목적지가 낭떠러지인 기차도 많아. 우
리가 출장 갈 때 타는 KTX가 시속 300킬로미터인데 새로
생긴 열차라면서 500킬로미터로 달린다고 빨리 타래. 곧
출발한다고. 검증되지 않은 것은 타면 안 돼. 그런 기차를
타지 않는 것도 실력이야."

11

정 대리의 핸드폰이 울린다.
"어, 권 사원!"
"대리님, 저 학교 일찍 끝나서 회사 앞으로 지나가는 길인
데 들러도 될까요?"
"안 그래도 지금 송 과장님과 공차에 있어. 이쪽으로 와."

10분 뒤, 권 사원이 캐주얼한 복장으로 에코백을 옆으로 매고 머리를 흩날리며 안으로 들어온다. 회사 다닐 때의 초췌함은 보이지 않는다.

권 사원이 반짝이는 눈으로 공차 내부를 쭉 훑어보며 말한다.
"아, 너무 그리웠어요. 여기 들어오니 아직도 계속 회사를 다니고 있는 것 같아요."
정 대리가 말한다.
"권 사원은 회사 나온 거 후회 안 해?"
"아뇨. 학교 다니는 거 재미있어요. 회사 다닐 때보다 시간도 많아서 여유로워요. 가끔씩 당장 소득이 없어서 좀 쪼들린다고 느낄 때도 있는데요. 나중에 하고 싶은 일 한다고 생각하면 후회는 없어요."
"송 과장님, 권 사원도 자신의 가치를 높이고 있는 건가요?"
"그건 권 사원한테 물어봐야지."

권 사원이 나와 정 대리를 번갈아 보며 물어본다.
"두 분 무슨 말씀 나누고 계셨어요?"
"송 과장님이 가장 큰 자산은 자기 자신이라고 하셔서 혹시 권 사원도 그렇게 생각하고 있나 해서."

"하하하, 두 분 무슨 철학자 같은 토론하셨어요?"

"나 심각해. 이대로 돈 펑펑 쓰면서 살다가 골로 가게 생겼어."

"음…… 이 회사를 들어오겠다고 마음먹은 것도 저고, 나가겠다고 결심한 것도 저고, 김 부장님과 같은 아파트를 사겠다고 결정한 것도 저고, 대학원 가기로 한 것도 저고요. 제 자신이 가장 큰 자산임을 넘어서 그냥 전부 아닐까요? 누가 제 머리에 총을 들이대고 아파트를 선택할래, 너를 선택할래, 하면 저는 100층짜리 빌딩이 있더라도 저를 선택할 거예요. 지금까지 인생은 몇 번 몇 번 고르는 객관식인 줄 알았는데요. 알고 보니 제가 직접 쓰고 고칠 수 있는 주관식이더라고요."

"역시 권 사원이 나보다 낫네. 누나라고 부를게. 권 누나!"

"앗, 또 흘렸네."

정 대리가 밀크티를 바지에 흘렸다. 예전 같았으면 일어나서 털고 난리가 났을 텐데 아무렇지 않은 표정이다.

권 사원이 묻는다.

"정 대리님, 이거 비싼 바지 아니에요?"

"아…… 사실 이거 짝퉁이야."

"네? 정 대리님이요?"

"어, 진퉁은 다 팔았는데 또 이 브랜드 옷이 입고 싶어서. 그런데 돈이 없어서 짝퉁 샀어. 비밀이야. 신기한 게 하나 있는데 짝퉁 입은 사람은 짝퉁 입은 사람을 알아보더라. 그게 티가 나. 진짜 신기해. 내가 입으면 전혀 티 안 나는 거 같은데 남이 입은 거 보니까 불쌍해 보이더라. 순간 나도 같은 처지이면서 나한테는 관대한데 남한테는 엄격해지더라고. 권 사원은 명품에 관심 없어?"

"네, 별로 관심 없어요. 남자는 그냥 스파 브랜드 깔끔하게 입는 게 제일 예뻐 보여요."

"그거 모델들이 입으니까 깔끔해 보이지. 일반 사람들이 입으면 그냥 찐따야."

"아니에요. 그 사람만의 분위기랄까. 어떤 품위랄까. 그런 게 느껴지는 사람은 뭘 입어도 괜찮더라고요."

"그럼 권 사원이 보기에 송 과장님은 어때?"

"왜 여기서 나를 끌어들여? 나는 그냥 찐따라고 하자. 그리고 본인한테는 관대한데 남한테는 엄격하다고 했잖아? 반대로 정 대리가 자신한테는 엄격하고 남한테는 관대해 져보는 게 어때?"

"송 과장님, 왜 제 명치를 쿡쿡 찌르세요? 오늘 진짜 여러 번 털리네. 그런데 권 사원, 이 바지 가짜인 거 티나?"

"관심 없어서 브랜드도 사실 뭔지 몰라요. 정 대리님은 인물이 좋아서 그냥 심플한 거 입어도 멋있어요."

"그래? 알았어. 이거 당장 버려야겠다. 안 그래도 봐둔 거 몇 개 있는데 다 접어야지. 고마워, 권 사원."

"왜 그러세요, 하하. 회사에는 별일 없죠?"

"똑같지, 뭐."

"그런데 송 과장님은 회사 계속 다니실 거예요?"

"어? 그럼 다녀야지."

"송 과장님은 이미 경제적 자유를 찾은 거 아닌가요? 요즘 모든 직장인들의 꿈이 경제적 자유잖아요."

"경제적 자유라……. 요즘 생각이 좀 많아. 단순히 재정적으로 자립했다고 해서 그게 다가 아니더라고. 만약에 내가 돈이 많아서 회사를 그만두면 남는 시간에 뭘 할지에 대해 생각해본 적이 없더라고. 회사가 있기 때문에 아침에 일찍 일어나서 출근해야 한다는 압박감이 있고 그 압박감으로 생활 패턴이 유지되고 있거든. 그런데 매일매일이 주말 같다면 나는 분명 게을러질 거야. 지금은 4시 30분이라는 기상 시간이 정해져 있지만 회사를 다니지 않으면 무너질 거 같아. 몇 시에 알람을 해야 할지 매일 밤 고민할 것 같기도 하고. 그게 나에게는 오히려 자유롭지 않은 상태가 될 것 같아. 결국 시간이 많은 게 자유로운 게 아니라 주체적으로 쓸 수 있어야 자유로운 거더라고."

정 대리가 말한다.

"저는 돈 많이 벌면 무조건 회사 그만둘 것 같아요."

"나도 처음에는 돈 생기면 회사를 그만두는 게 경제적 자유인 줄 알았어. 지금은 생각이 좀 바뀌었는데 경제적으로 자유롭다는 것은 무조건 놀고먹는 게 아닌 것 같아. 내가 의미 있는 일을 하고, 스트레스를 받더라도 거기서 어떤 가치를 느끼고 뭔가 배울 점이 있다면 계속해야 할 이유가 충분히 있다고 봐. 나도 물론 회사 생활 하면서 때려치우고 싶은 날도 많지만 아직 나는 30대 후반이고 회사에서 더 보여줄 것도, 배울 것도 많아. 그리고 정 대리, 권 사원 너희들처럼 좋은 후배들도 만날 수 있고 최 부장님,

상무님, 김 부장님, 나에게는 다 소중한 선배들이야. 내가
이런 훌륭한 선후배들을 어디 가서 만날 수 있을까? 회사
니까 가능한 것 같아."

권 사원이 말한다.
"그럼 과장님은 회사를 계속 다니실 건가 보네요."
"내가 회사를 그만두는 순간은 아마도 두 가지 경우일 것
같아. 회사가 이제 내가 더 이상 필요 없다고 나가라고 할
때와 내가 진짜로 하고 싶은 무엇인가를 찾았을 때. 권 사
원이 그랬던 것처럼. 단순히 재정적인 여유가 생겼다는 이
유만으로 그만두지는 않을 거야."

"궁금한 게 있는데요. 경제적 자유가 돈만 있으면 다 되
는 건가요?"
"인생의 목적과 방향에 대한 주도권이 나에게 있어야만 진
정한 자유를 얻을 수 있어. 나를 통제할 줄 안다는 것
은 칼자루가 내 손에 있다는 뜻이지. 그런데 사람들은 칼
날을 잡고 있으면서 칼자루를 잡고 있다고 착각을 해. 아
무것도 통제하지 못하고 세상과 주변 환경에 이리저리 휩
쓸린다면 그게 진정한 자신의 모습인지 생각해볼 필요

가 있다고 봐."

"주변 환경에 휩쓸리지 않는다는 게 어려운 일 아닌가요?"

"맞아. 어려워. 어렵지만 주어진 환경에서 최선의 선택을 하고 결과에 대한 고민을 해야 해. 그러다 보면 그간의 최선의 선택을 뛰어넘기 위해 주어진 환경 안이 아닌 밖에 대해 생각하게 되지. 그때 비로소 다른 세상이 열리는 것 같아. 어렵나? 내가 생각해도 단순히 경제적인 부분보다 더 어렵더라고. 나도 알아가는 중이야."

남은 공차 한 모금을 깊게 빨아들인다.

내가 지금 후배들에게 한 말들이 정답인지는 모르겠다. 이런 생각이 언제 또 바뀔지도 모르겠다.

후배들에게는 조금이나마 도움이 되었을까?

직장의 소중함을 모르고 지냈던 내가 이런 말을 할 자격이 있는 걸까?

나는 앞으로 어떻게 살아야 할까?

나는 요즘 친구가 무엇인지 궁금하다.

나는 요즘 가족이 무엇인지 궁금하다.

나는 요즘 직장이 무엇인지 궁금하다.

나는 요즘 돈이 무엇인지 궁금하다.

나는 요즘 경제적 자유가 무엇인지 궁금하다.

나는 요즘 행복이 무엇인지 궁금하다.

나는 요즘 인생이 무엇인지 궁금하다.

나는 요즘 내가 누구인지가 궁금하다.

이런 인생의 여정에 대한 즐거운 고민은 앞으로도 계속 될 것 같다.

12

핸드폰에 '여신님'이라고 뜬다.

아내의 전화다.

"맥주 사갈까?"

"응, 좋지."

나는 재즈바에서 연락처를 받은 후 9개월 만에 결혼했다. 주의력결핍 과잉행동장애와 우울증을 갖고 저공 비행 인생 을 살던 내가 결혼을 했다는 사실이 지금 생각해도 놀랍다.

처음에는 그녀에게서 연락이 없었다. 나는 어떻게든 연락을 하고 싶었다. 그래서 내가 먼저 몇 개 곡을 선정해서 연락을 했다. 그녀는 좋다고 했다.

나는 재즈바 사장님에게 부탁해 그녀를 위한 자리를 여러 번 예약해두었다. 내가 제일 잘 보이는 자리로. 아니, 내가 제일 멋있게 보이는 자리라고 표현하는 게 맞겠다.

레지던트 생활에 지친 그녀에게 당분이 되어주고 싶었다. 비타민이 되어주고 싶었다. 그렇게 연애는 시작되었다. 우리는 서로의 다른 점에서 매력을 느꼈고 서로의 공통점에서 동질감을 느꼈다.

그녀의 부모님은 의사인 딸이 평범한 직장인과 결혼하는 것에 반대했다. 장인, 장모님은 직장인은 언제든지 백수가 될 수 있다며 전문직 배우자를 원했다. 딸이 의료인이니 사위는 법조인이었으면 좋겠다고 했다.

이해할 수 있다. 내가 부모라도 반대했을 것이다.

나중에 알게 된 것인데 아내는 부모님의 반대가 심하자 하루는 크게 다퉜다고 한다. 아내는 이렇게 소리를 지르고는 집 밖으로 뛰쳐나왔다고 했다.

"그 사람 잘리면 내가 벌어서 먹여 살리면 되잖아요!"

우리 부모님도 반대를 하셨다. 의사 며느리라면 플래카드를 걸고 환영할 줄 알았는데 의외였다. 정신치료를 하는 사람과 정신치료를 받는 사람의 조합은 납득이 되지 않아 그러시나 했는데 그런 게 아니었다.

우리 부모님은 부모님대로 내가 기죽어서 살까봐, 사위 취급 못 받고, 남편 취급 못 받고, 아빠 취급 못 받고 살까봐 걱정을 하셨다. 부모님 마음은 똑같다. 자기 자식이 가장 소중하다. 나도 자식이 생기니 그 마음을 알겠다.

그렇게 우여곡절 끝에 결혼을 했고 나는, 우리는 행복하게 살고 있다.

아이를 재우고 냉장고에서 맥주를 두 캔 꺼낸다. 오늘도 수고했다는 뜻으로 우리 부부가 매일 맞이하는 의식이다. 갑자기 김 부장님 생각이 나 툭 던져본다.

"전에 내 팀장이었던 김 부장님 말야. 퇴사하시고 세차장에서 일하시는 걸 우연히 봤어. 인생 참 모르는 일이야. 신도시 분양상가 사기당하신 것 같은데…… 안타까워."

아내가 흠칫 놀라더니 맥주를 쭉 들이켠다. 무언가를 생각하는 듯 잠시간의 침묵 끝에 아내가 대답한다.

"많은 사람들이 인생의 향기라고 해야 하나, 무언가를 찾기 위해 삶의 시간을 전부 써버리잖아. 그런데 그 향기를 결국에는 찾지 못하는 것 같아."

"왜?"

"그 향기는 바로 자기 자신에게서 나고 있는데 그걸 몰라. 자신이 얼마나 소중한 존재인지 모르고 다른 곳에서 찾으려고 해. 타인에게서 찾으려고 하기도 하고 때로는 과거나 미래에서 찾으려고 하거든. 현재의 자기 자신의 가치를 제대로 아는 것이야말로 인생에서 가장 중요한 일이잖아. 그런 면에서 보면 당신은 스스로에 대해 잘 아는 것 같아."

아내는 맥주를 한 모금 마시며 말을 이어간다.

"벌써 10년 전인가. 재즈바에서 와인 마시면서 공연 볼 때가 생각나. 그때 당신이 피아노 치는 모습이 지금도 눈에 선해. 그러고 보면 시간 참 빨라. 나는 예전의 내 모습이나 지금이나 변한 게 없는 것 같은데 말야. 당신은 어때?"

방구석에서 늘어진 미역줄기처럼 처져 있던 과거 모습이 스쳐 지나간다.

"나는…… 조금 달라진 것 같긴 해. 달라져야만 했지."

우리 둘은 각자의 맥주캔에 입술을 대고 고개를 뒤로 젖힌다. 아내는 잠시 생각에 잠기다가 말한다.

"당신 참 열심히 살았어. 지금도 그렇게 살고 있고. 어떨 때는 안타깝기도 해. 나도 말이 의사지 월급 받는 월급쟁이고 당신도 월급쟁이고. 우리 같은 월급쟁이들은 아침에 출근해서 저녁때 퇴근하는 직장생활이 어찌 보면 다 똑같은 것 같아. 그리고 당신 너무 무리하지 마. 그러다가 쓰러지기라도 할까봐 겁나."

"걱정 마. 건강은 챙기면서 하고 있으니까. 내가 세운 목표를 향해 가는 걸 즐길 뿐이야."

"아, 전에 말했던 그거?"

"어."

"음…… 그래서…… 경제적 자유에 이르렀어?"

나는 아무 대답을 하지 않는다. 무슨 말을 해야 할지 생각이 나지 않는다. 손에 눌려 살짝 찌그러져 있던 맥주캔이 펴지면서 딱 소리가 난다. 무슨 말을 해야 할지 생각이 났다.

"재정적 여유라는 조건에는 가까워진 것 같은데 나머지

는 잘 모르겠어."

"하긴, 그게 쉬우면 이 세상 부자들이 돈만 벌다가 저 세
상으로 가진 않겠지."

나는 아무 말 없이 고개만 끄덕인다. 맥주를 다시 한 모
금 마시고 아내에게 말한다.

"단순히 돈 버는 걸 그만두거나 돈에 대한 욕심을 버리
는 게 정신적 자유가 아니더라고. 극단적으로 노숙자들
이 자유로워 보이지 않는 것처럼 말이야."

"나도 요즘 병원에서 상담하면서 많이 느껴. 사회가 성과
와 능력만을 강조하다 보니 교육과 문화까지도 영향을 받
더라고. 그러니 사람들은 점점 물질적인 것만 추구하는 거
고. 꿈이 뭐냐고 물으면 다들 행복이라고 대답하지만 실
은 행복은 자유의 일부인 거잖아. 만일 사람들의 최종 목
적이 우리가 지금 말하는 진짜 자유라면 사회가 이렇게까
지 차갑진 않을 거 같아. 모두 자유를 위해 살아가지만 오
히려 자유로부터 도피하려는 삶을 사는 것 같아."

오늘은 어쩐 일인지 평소에 잘 하지 않던 깊은 얘기까
지 오고 간다.

경제적 자유에 대하여   363

아내는 멍하니 어둑한 거실 창밖을 바라본다.

창문을 통해 보이는 달을 보는 것 같다.

나도 같은 곳에 시선을 두고 맥주캔을 만지작거린다.

"사실 나중에 은퇴하고 나서 하고 싶은 일이 있는데……."

"뭔데?"

"내가 쌀 기부하고 있는 보육원이랑 양로원 있지? 그 중
간에 창고가 하나 있는데 그 자리에 도서관을 짓고 싶
어. 좀 알아봤더니 지자체에서 보조금을 대줄 수 있다고
는 하는데 거절하려고. 결국 다 세금이잖아. 온전히 내 돈
으로 사람들에게 뭔가를 해주고 싶어. 도서관에서 책 빌
려주고 책 정리도 하고. 그러면서 글씨가 안 보이는 어
르신들께는 책도 읽어드리고. 무슨 책을 읽어야 할지 모
르는 청소년들에게는 좋은 책도 권해주고. 그렇게 살다
가 인생을 마무리하고 싶어. 지금 내 기준에서는 재정
적 여유와 정신적 자유가 합쳐진 진정한 경제적 자유가 그
런 게 아닐까…… 하는 생각이 들어. 먼 훗날이지만 도서
관이 완성되고 사람들의 발걸음이 그쪽으로 향하는 걸 상
상하면 절로 웃음이 나고 설레고 그래. 당신은, 당신만
의 삶의 의미나 목적에 대해 생각해본 적 있어?"

"……."

맥주 한 캔에 취한 아내는 어느새 내 무릎을 베고 잠들었다. 그녀가 잠든 사이 나는 소파 옆에 쌓여 있는 책을 하나 집는다.

고개를 드니 거실에 텔레비전 대신 놓아둔 책장에 책 수백 권이 꽂혀 있다. 절반은 그녀가 읽는 정신분석학, 심리학, 육아, 요리 책이고, 절반은 내가 읽는 인문학, 부동산, 자기계발, 소설, 수필 책이다.

10년 전의 나는 이런 현재의 모습을 상상조차 하지 못했다. 그때의 내가 아무것도 하지 않았다면 그때나 지금이나 나는 같은 모습이었을 것이다. 아마도 이 세상과 작별하기 위해 또 한 번 고속도로에서 눈을 감고 어딘가를 향해 돌진했을지도 모른다. 결국은 주어진 이 시간을 어떻게 쓰느냐가 미래를 결정한다.

이제 앞으로 다음 10년의 미래를 상상해본다. 상상은 주의력결핍 과잉행동장애를 가지고 있는 내 전문이다.

다음 날, 오전 4시 30분이다. 저절로 눈이 떠진다. 4시 30분이 넘어서 눈이 안 떠지기가 쉽지 않다. 주방으로 간다. 최

대한 소리가 나지 않게 그릇과 수저를 꺼낸다. 오늘은 그릇끼리 부딪치는 소리를 내지 않았다.

주방 선반 위에 놓인 두 가지 종류의 시리얼을 바라본다. 아들이 먹는 달콤한 것과 아내가 먹는 현미인지 그래놀라인지 하는 덜 단 것. 요즘 옆구리 살이 좀 빠져서 달콤한 것을 고른다. 그릇에 시리얼을 붓는다. 우유가 튀지 않게 나지막이 붓는다. 턱을 움직일 때마다 와삭 소리가 머릿속을 울린다. 다 먹고 우유를 쭉 들이켠다. 시리얼 때문에 달콤해진 우유가 한여름에 줄넘기를 500번 뛰고 나서 마시는 생맥주 같다.

물과 함께 약을 먹고, 지하철에서 읽을 책을 챙기고, 말랑해진 가죽 구두를 신고, 현관문을 열고 조심스럽게 닫는다. 도어락이 잠기는 소리와 함께 나는 다짐한다.
나는 오늘도 꽤 괜찮은 사람이고 싶다고.

회사에 도착한다. 노트북 전원 버튼을 누른다. 권 사원의 자리는 아직 공석이다. 똘똘한 권 사원은 잘 지내고 있을까. 오늘따라 빈자리가 크게 느껴진다.

믹스커피를 한 잔 마시고 싶다. 휴게실로 향한다. 늘 부족했던 믹스커피가 김 부장님이 나가고 난 뒤로는 늘 수북하다.

커피를 타고 휴게실을 둘러본다. 소파가 눈에 들어온다. 술에 취해 넥타이를 풀어 헤치고 잠든 김 부장님이 생각난다. 나간 지 몇 달 되지 않았는데 몇 년이 된 것 같다.

커피를 들고 자리에 앉는다. 오늘은 일기 대신 오랜만에 블로그에 글을 써볼까 한다.
음…… 뭘 써볼까…….

김 부장님.
김 부장 이야기.
대기업 다니셨으니까……
대기업 다니는 김 부장 이야기.
그래도 서울에 집 한 채 있으시니까……

서울 자가에 대기업 다니는 김 부장 이야기.

〈끝〉

서울 자가에 대기업 다니는 김 부장 이야기
3. 송 과장 편

초판 1쇄 발행   2021년 11월 19일
초판 39쇄 발행 2024년 3월 19일

지은이 송희구

책임편집 이정아
마케팅 이주형
경영지원 홍성택, 강신우, 이윤재
제작 357제작소

펴낸이 이정아
펴낸곳 (주)서삼독
출판신고 2023년 10월 25일 제 2023-000261호
주소 서울시 마포구 월드컵북로 361, 14층
대표전화 02-6958-8659
이메일 info@seosamdok.kr

ⓒ 송희구(저작권자와 맺은 특약에 따라 검인을 생략합니다)
ISBN 979-11-985174-6-3 (03320)

서삼독은 작가분들의 소중한 원고를 기다립니다. 주제, 분야에 제한 없이 문을 두드려주세요.
info@seosamdok.kr로 보내주시면 성실히 검토한 후 연락드리겠습니다.